Kurzgrammatik

Herausgegeben und verfasst von
Jörgen Vogel, Benedikt van Vugt,
Theodor van Vugt

Iter Romanum

Schöningh

© 2006 Bildungshaus Schulbuchverlage
Westermann Schroedel Diesterweg Schöningh Winklers GmbH
Braunschweig, Paderborn, Darmstadt

www.schoeningh-schulbuch.de
Schöningh Verlag, Jühenplatz 1 – 3, 33098 Paderborn

Druck 5 4 3 / Jahr 2014 13 12
Alle Drucke der Serie A sind im Unterricht parallel verwendbar.
Die letzte Zahl bezeichnet das Jahr dieses Druckes.

Umschlaggestaltung: Yvonne Junge-Illies

Druck und Bindung: westermann druck GmbH, Braunschweig

ISBN 978-3-14-010383-1

Vorwort

Diese Kurzgrammatik ist eine Zusammenfassung des grammatischen Stoffes im Lehrbuch Iter Romanum. Sie ist gedacht für die Hand des Schülers zur Wiederholung in der Lehrbuchphase und zur Begleitung während der folgenden Lektüre.

Die in dieser Grammatik verwendeten Beispiele sind überwiegend dem Unterrichtswerk Iter Romanum entnommen. Doch auch unabhängig von dem Lehrbuch ist eine Arbeit mit dieser Grammatik in jeder Phase des Lateinunterrichts und auch bei der eigenständigen Nacharbeit möglich.

In vier Abschnitten wird eine systematische Übersicht über die lateinische Formenlehre und Syntax sowie eine Einführung in Textgrammatik und Verslehre gegeben. Die Auswahl der grammatischen Phänomene und ihre Erklärungen wurden dabei auf Wesentliches, das für eine erfolgreiche Bewältigung der Lektürephase ausreicht, beschränkt. Sprachgeschichtliche Erläuterungen und Regeln, die ausschließlich für die deutsch-lateinische Übersetzung wichtig sind, bleiben daher weitgehend unberücksichtigt.

Die Formenlehre enthält die Deklinationen der Nomina, die Konjugationen der Verben und die wichtigsten Regeln zu den Adverbien.

Die Satzgrammatik behandelt neben den Satzglied- und Kasusfunktionen vor allem die satzwertigen Konstruktionen und die Haupt- und Gliedsätze. Dabei wird auch immer die syntaktische Funktion der Gliedsätze berücksichtigt.

Am Beispiel einer längeren Textpassage eines lateinischen Originaltextes zeigt die Textgrammatik, wie durch die sichere Kenntnis von Formenlehre, Satzgrammatik und Stilistik der gedankliche Zusammenhang und Aufbau eines Textes erschlossen werden kann.

Um auch die erste Dichterlektüre gründlich vorzubereiten, gibt die Verslehre eine Einführung in die wichtigsten Regeln der Quantitäten, der Versmaße und der Zäsuren.

Mit dieser Kurzgrammatik wird eine solide Wiederholung und ein selbstständiges Arbeiten der Schülerinnen und Schüler gewährleistet, das Sicherheit bei der Lektüre vermittelt und Freude an den lateinischen Texten ermöglicht.

Die Herausgeber

Inhaltsverzeichnis

Formenlehre

Grundbegriffe der Grammatik

1 Wortarten 8
2 Satzglieder 9

Flektierbare Wortarten

Deklination der Substantive

3 Die a-Deklination 9
4 Die o-Deklination masculinum 9
5 Die o-Deklination neutrum 10
6 Die 3. Deklination 10
7 Die u-Deklination 10
8 Die e-Deklination 11

Die Deklination der Adjektive

9 Adjektive der a- und o-Deklination 11
10 Adjektive der 3. Deklination 11
11 Die Deklination der 3. Deklination 12

Die Steigerung der Adjektive

12 Der Komparativ 12
13 Der Superlativ 12
14 Besonderheiten der Steigerung 13

Pronomina

15 Personalpronomina 13
16 Possessivpronomina 14
17 Demonstrativpronomina 14
18 Interrogativpronomen 16
19 Das Pronomen qui, quae, quod 16
20 Indefinitpronomina 16

Zahlwörter

21 Grund- und Ordnungszahlen 18
22 Die Deklination von unus, duo, tres, mille 19

Verben

23 Die Verbalstämme   19
24 Die Formen des Präsensstammes im Aktiv   19
25 Die Formen des Präsensstammes im Passiv   21
26 Die Formen des Perfektstammes im Aktiv   22
27 Die Formen des Partizipialstammes   23
28 Die Nominalformen   25
29 Deponentien   25
30 Der Präsensstamm der Deponentien   26
31 Die Perfektformen der Deponentien im Partizipialstamm   27
32 Die Nominalformen der Deponentien   27
33 Semideponentien   28

Verben mit besonderer Konjugation im Präsensstamm

34 esse   28
35 posse   29
36 ire   30
37 fieri   30
38 velle, nolle, malle   31

Unveränderliche Wortarten

Adverbien

39 Die Bildung der Adverbien aus den Adjektiven   32
40 Die Steigerung der Adverbien   32
41 Unregelmäßige Adverbbildungen   32

Satzgrammatik

Satzglieder

42 Satzkern   33
43 Ergänzungen des Satzkerns   34

Kasusfunktionen

44 Genitiv   37
45 Dativ   38
46 Akkusativ   38
47 Ablativ   39

Satzwertige Konstruktionen

48 Akkusativ mit Infinitiv (aci)   40
49 Nominativ mit Infinitiv (nci)   42
50 Partizip   42
51 Ablativ mit Partizip (ablativus absolutus)   44
52 nd-Formen   46
53 Prädikativum   47

Tempusgebrauch

54 Das narrative Präsens   48
55 Das Imperfekt   48
56 Das Perfekt   49
57 Das Futur II   49

Modi

58 Indikativ im Hauptsatz   49
59 Indikativ im Gliedsatz   50
    1. Temporalsätze   50
    2. Kausalsätze   51
    3. Konzessivsätze   51
    4. Kondizionalsätze (Realis)   51
    5. Explikativsätze   52
    6. Relativsätze   52
    7. Besonderheiten der Relativsätze   52
60 Konjunktiv im Hauptsatz   53
    1. Wunsch   53
    2. Aufforderung   54
    3. Verbot   54
    4. Möglichkeit   54
61 consecutio temporum   54
62 Konjunktiv in Gliedsätzen   55
    1. Abhängige Fragesätze   55
    2. Abhängige Begehrsätze   55
    3. Finalsätze   55
    4. Konsekutivsätze   56
    5. Relativsätze (mit adverbialem Nebensinn)   56
    6. cum-Sätze   57
    7. si-Sätze (Irrealis)   57

Textgrammatik

63 Elemente der Textgrammatik   58
   1. Tempus   59
   2. Personenkennzeichen   59
   3. Diathese des Verbs   59
   4. Konnektoren   59
   5. Modus   59
   6. Wortwiederholungen und Umschreibungen   60
   7. Pro-Formen   60
   8. Wortfelder   60
64 Stilfiguren   61

Metrik (Verslehre)

65 Quantitäten   62
66 Metrik   62
67 Einzelne Versmaße   63
68 Zäsuren und Enjambement   63

Register   64

Formenlehre

Grundbegriffe der Grammatik

1 Wortarten

1.1 Wie im Deutschen werden die lateinischen Wörter in veränderliche (flektierbare) und unveränderliche (nicht flektierbare) eingeteilt.
Veränderliche (flektierbare) Wörter sind

Nomina (Nennwörter), die **dekliniert** werden:
a) Substantive (Hauptwörter)
b) Adjektive (Eigenschaftswörter)
c) Pronomina (Fürwörter)
d) Numeralia (Zahlwörter)
Verben (Tätigkeitswörter), die **konjugiert** werden.

1.2 Jedes Nomen, das dekliniert wird, ist bestimmt durch **Kasus** (Fall), **Numerus** (Zahl) und **Genus** (Geschlecht).

Im Lateinischen gibt es folgende Kasus:

	Nominativ (Wer oder Was?)
	Genitiv (Wessen?)
	Dativ (Wem?)
	Akkusativ (Wen oder Was?)
	Ablativ (Womit? Wodurch? Wovon?)
	Vokativ (Wer wird angeredet?)

Im Lateinischen gibt es zwei Numeri: Singular (Einzahl) und Plural (Mehrzahl).

Man unterscheidet drei Genera: Maskulinum (männliches Geschlecht)
Femininum (weibliches Geschlecht)
Neutrum (sächliches Geschlecht).

1.3 Bei der Konjugation der Verben unterscheidet man finite und infinite Verbformen.

Finite Verbformen sind bestimmt durch:	Person:	1. Person (sprechende Person)
		2. Person (angesprochene Person)
		3. Person (besprochene Person)
	Numerus:	Singular und Plural
	Modus:	Indikativ, Konjunktiv und Imperativ
	Tempus:	Präsens, Imperfekt, Futur I, Perfekt, Plusquamperfekt, Futur II
	Diathese:	Aktiv und Passiv

Infinite Verbformen sind: Infinitiv, Partizip, Gerundium und Gerundivum.

1.4 Unveränderliche Wörter (Partikeln) sind:
1. Adverbien (Umstandswörter)
2. Präpositionen (Verhältniswörter)
3. Konjunktionen und Subjunktionen (beiordnende und unterordnende Bindewörter)
4. Interjektionen (Ausrufewörter)

2 Satzglieder

Die fünf Elemente, aus denen ein Satz gebildet werden kann, sind (vgl. 42 – 43):

Prädikat: Die Satzaussage, das wichtigste Satzglied.

Subjekt: Der Satzgegenstand. Das Subjekt stimmt in Person und Numerus immer mit dem Prädikat überein (Kongruenz).

Objekt: Die vom Prädikat geforderte Satzergänzung. Der Kasus des Objektes hängt daher vom jeweiligen Prädikat ab. Wenige Verben verlangen kein Objekt, die meisten Verben haben ein Objekt nach sich, manche Verben sogar zwei.

Adverbiale: Die Ergänzung der Satzaussage. Das Adverbiale bestimmt oder erläutert die Umstände, unter denen das geschilderte Geschehen stattfindet. Es ist für den Inhalt der Aussage wichtig, aber nicht für die syntaktische Vollständigkeit des Satzes erforderlich (freie Angabe).

Attribut: Die Beifügung oder nähere Bestimmung eines Nomens. Ein Nomen kann mehrere Attribute haben.

Flektierbare Wortarten

Die Deklination der Substantive

3 Die a-Deklination

	Singular		Plural	
Nom.	fēmina	die Frau	fēminae	die Frauen
Gen.	fēminae	der Frau	fēminārum	der Frauen
Dat.	fēminae	der Frau	fēminīs	den Frauen
Akk.	fēminam	die Frau	fēminās	die Frauen
Abl.	cum fēminā	mit der Frau	cum fēminīs	mit den Frauen
Vok.	fēmina!	Frau!	fēminae!	Frauen!

4 Die o-Deklination masculinum

	Singular			Plural		
Nom.	amīcus	der Freund	vir	amīcī	die Freunde	virī
Gen.	amīcī	des Freundes	virī	amīcōrum	der Freunde	virōrum
Dat.	amīcō	dem Freund	virō	amīcīs	den Freunden	virīs
Akk.	amīcum	den Freund	virum	amīcōs	die Freunde	virōs
Abl.	cum amīcō	mit dem Freund	cum virō	cum amīcīs	mit den Freunden	cum virīs
Vok.	amīce!	Freund!	vir!	amīcī!	Freunde!	virī!

Bei den Wörtern der o-Deklination wie puer, puerī gehört das -e- zum Wortstock, bei den Wörtern wie liber, librī nicht.

5 Die o-Deklination neutrum

	Singular		Plural	
Nom.	monumentum	das Denkmal	monumenta	die Denkmäler
Gen.	monumentī	des Denkmals	monumentōrum	der Denkmäler
Dat.	monumentō	dem Denkmal	monumentīs	den Denkmälern
Akk.	monumentum	das Denkmal	monumenta	die Denkmäler
Abl.	monumentō	durch das Denkmal	monumentīs	durch die Denkmäler

6 Die 3. Deklination

	Singular	Plural	Singular	Plural	Singular	Plural
Nom.	rēx	rēgēs	virgō	virginēs	urbs	urbēs
Gen.	rēgis	rēgum	virginis	virginum	urbis	urbium
Dat.	rēgī	rēgibus	virginī	virginibus	urbī	urbibus
Akk.	rēgem	rēgēs	virginem	virginēs	urbem	urbēs
Abl.	cum rēge	cum rēgibus	cum virgine	cum virginibus	urbe	urbibus

	Singular	Plural	Singular	Plural
Nom.	corpus	corpora	mare	maria
Gen.	corporis	corporum	maris	marium
Dat.	corporī	corporibus	marī	maribus
Akk.	corpus	corpora	mare	maria
Abl.	corpore	corporibus	marī	maribus

Der Vokativ bei den Substantiven der 3. Deklination entspricht dem Nominativ. Bei den gleichsilbigen Substantiven der 3. Deklination auf -is und -ēs (civis) und bei den ungleichsilbigen (urbs, urbis) lautet der Gen. Plur. auf -ium, bei den Substantiven wie mare lautet der Abl. Sing. auf -ī, der Nom./Akk. Plur. auf -ia und der Gen. Plur. auf -ium.

7 Die u-Deklination

	Singular	Plural	Singular	Plural
Nom.	portus	portūs	domus	domūs
Gen.	portūs	portuum	domūs	domōrum
Dat.	portuī	portibus	domuī	domibus
Akk.	portum	portūs	domum	domōs
Abl.	portū	portibus	domō	domibus

Die Substantive der u-Deklination sind Maskulina; Feminina sind manus und domus.

Die e-Deklination

	Singular	Plural
Nom.	rēs	rēs
Gen.	reī	rērum
Dat.	reī	rēbus
Akk.	rem	rēs
Abl.	rē	rēbus

Die Substantive der e-Deklination sind Feminina; Maskulina sind diēs (der Tag) und meridiēs.

Die Deklination der Adjektive

Adjektive der a- und o-Deklination

	Singular			Plural		
Nom.	altus	alta	altum	altī	altae	alta
Gen.	altī	altae	altī	altōrum	altārum	altōrum
Dat.	altō	altae	altō	altīs	altīs	altīs
Akk.	altum	altam	altum	altōs	altās	alta
Abl.	altō	altā	altō	altīs	altīs	altīs

	Singular			Plural		
Nom.	āter	ātra	ātrum	ātrī	ātrae	ātra
Gen.	ātrī	ātrae	ātrī	ātrōrum	ātrārum	ātrōrum
Dat.	ātrō	ātrae	ātrō	ātrīs	ātrīs	ātrīs
Akk.	ātrum	ātram	ātrum	ātrōs	ātrās	ātra
Abl.	ātrō	ātrā	ātrō	ātrīs	ātrīs	ātrīs

Wie bei den Substantiven der o-Deklination gibt es auch bei den Adjektiven auf -er Wörter, bei denen das -e- in allen Kasus erhalten bleibt: asper, aspera, asperum (vgl. 4 puer – liber).

Adjektive der 3. Deklination

Man unterscheidet bei den Adjektiven der 3. Deklination

- **dreiendige** Adjektive (mit verschiedenen Formen für alle drei Genera im Nominativ Singular): celeber (m.), celebris (f.), celebre (n.)

- **zweiendige** Adjektive (mit gemeinsamen Formen für Maskulinum und Femininum im Nominativ Singular): illustris (m., f.), illustre (n.)

- **einendige** Adjektive (mit gemeinsamen Formen im Nominativ Singular für alle drei Genera): felix (m., f., n.)

Die meisten Adjektive der 3. Deklination gehören zu den i-Stämmen. Sie haben daher

-i	im Ablativ Singular
-ia	im Nominativ und Akkusativ Plural Neutrum
-ium	im Genitiv Plural.

11 Die Deklination der 3. Deklination

	Singular								
Nom.	celeber	celebris	celebre	illūstris	illūstris	illūstre	fēlīx	fēlīx	fēlīx
Gen.		celebris			illūstris			fēlīcis	
Dat.		celebrī			illūstrī			fēlīcī	
Akk.	celebrem	celebrem	celebre	illūstrem	illūstrem	illūstre	fēlīcem	fēlīcem	fēlīx
Abl.		celebrī			illūstrī			fēlīcī	

	Plural								
Nom.	celebrēs	celebrēs	celebria	illūstrēs	illūstrēs	illūstria	fēlīcēs	fēlīcēs	fēlīcia
Gen.		celebrium			illūstrium			fēlicium	
Dat.		celebribus			illūstribus			fēlīcibus	
Akk.	celebrēs	celebrēs	celebria	illūstrēs	illūstrēs	illūstria	fēlīcēs	fēlīcēs	felīcia
Abl.		celebribus			illūstribus			fēlīcibus	

Einige einendige Adjektive der 3. Deklination, wie vetus, pauper und dives, gehören zu den Konsonantenstämmen. Sie haben im Abl. Sing. den Ausgang -e, im Nom. Plur. Neutrum den Ausgang -a, im Gen. Plur. den Ausgang -um.

Die Steigerung der Adjektive

Den Vergleich verschiedener Eigenschaften nennt man **Komparation** (von comparare: vergleichen)
Wie im Deutschen gibt es im Lateinischen drei Komparationsformen (Vergleichsstufen): den **Positiv** (Grundstufe), den **Komparativ** (Steigerungsstufe) und den **Superlativ** (Höchststufe).

12 Der Komparativ

	Singular			Plural		
Nom.	altior	altior	altius	altiōrēs	altiōrēs	altiōra
Gen.		altiōris			altiōrum	
Dat.		altiōrī			altiōribus	
Akk.	altiōrem	altiōrem	altius	altiōrēs	altiōrēs	altiōra
Abl.		altiōre			altiōribus	

13 Der Superlativ

Bei den **meisten Adjektiven** wird der Superlativ dadurch gebildet, dass an ihren Wortstock das Suffix **-issimus, a, um** gehängt wird: altus – altissimus; gravis – gravissimus; vehemens – vehementissimus usw.
Bei den **Adjektiven auf -er** wird an den Nom. Sg. Mask. das Suffix **-rimus, a, um** gefügt: asper – asperrimus; pulcher – pulcherrimus usw.

Bei den **Adjektiven auf -lis** tritt zu dem Wortstock das Suffix **-limus, a, um**: similis – simillimus, facilis – facillimus usw.

Die Deklination des Superlativs entspricht der Deklination der Adjektive aus der a- und o-Deklination (9).

14   Besonderheiten der Steigerung

Einige Adjektive bilden ihre Steigerungsformen mit verändertem Stamm:

bonus	gut	melior, -ius	besser	optimus, a, um	der beste
malus	schlecht	pēior, -ius	schlechter	pessimus, a, um	der schlechteste
māgnus	groß	māior, -ius	größer	māximus, a, um	der größte
parvus	klein	minor, -us	kleiner	minimus, a, um	der kleinste
multī	viele	plūrēs, a	mehr	plūrimī, ae, a	die meisten
		Gen: plūrium			

Pronomina

15   Personalpronomina

Sing.	1. Person		2. Person		3. Person (reflexiv)	
Nom.	ego	ich	tu	du	–	
Gen.	meī	meiner	tuī	deiner	suī	seiner/ihrer
Dat.	mihi	mir	tibi	dir	sibi	sich
Akk.	mē	mich	tē	dich	sē	sich
Abl.	ā mē	von mir	ā tē	von dir	ā sē	von sich
	mēcum	mit mir	tēcum	mit dir	sēcum	mit sich

Plur.	1. Person		2. Person		3. Person (reflexiv)	
Nom.	nōs	wir	vōs	ihr	–	
Gen.	nostri/ nostrum	unser	vestri/ vestrum	euer	suī	seiner/ihrer
Dat.	nōbis	uns	vōbis	euch	sibi	sich
Akk.	nōs	uns	vōs	euch	sē	sich
Abl.	ā nōbīs	von uns	ā vōbīs	von euch	a sē	von sich
	nōbīscum	mit uns	vōbīscum	mit euch	sēcum	mit sich

Das Pronomen der 3. Person ist **reflexiv**, wenn zwischen dem Subjekt des Satzes und dem Pronomen Identität, d. h. inhaltliche Übereinstimmung besteht. Bei nicht-reflexivem Gebrauch werden die Formen von **is, ea, id** verwendet (vgl. 17.4).

16 Possessivpronomina

	1. Person	2. Person	3. Person reflexiv	nicht-reflexiv
Singular	meus mea mein meum	tuus tua dein tuum	suus sua } sein/ihr suum	eius eius eius
Plural	noster nostra unser nostrum	vester vestra euer vestrum	suus sua } ihr suum	eōrum eārum eōrum

17 Demonstrativpronomina

1. **hic** dieser (dieser hier)

	Singular			Plural		
Nom.	hic	haec	hoc	hī	hae	haec
Gen.		huius		hōrum	hārum	hōrum
Dat.		huic			hīs	
Akk.	hunc	hanc	hoc	hōs	hās	haec
Abl.	hōc	hāc	hōc		hīs	

2. **iste** dieser (der da)

	Singular			Plural		
Nom.	iste	ista	istud	istī	istae	ista
Gen.		istīus		istōrum	istārum	istōrum
Dat.		istī			istīs	
Akk.	istum	istam	istud	istōs	istās	ista
Abl.	istō	istā	istō		istīs	

3. **ille** jener

	Singular			Plural		
Nom.	ille	illa	illud	illī	illae	illa
Gen.		illīus		illōrum	illārum	illōrum
Dat.		illī			illīs	
Akk.	illum	illam	illud	illōs	illās	illa
Abl.	illō	illā	illō		illīs	

4. **is** dieser, derjenige, er

	Singular			Plural		
Nom.	is	ea	id	iī (eī)	eae	ea
Gen.	eius			eōrum	eārum	eōrum
Dat.	eī			iīs (eīs)		
Akk.	eum	eam	id	eōs	eās	ea
Abl.	eō	eā	eō	iīs (eīs)		

is, ea, id wird gebraucht

a) als **Demonstrativpronomen**, das entweder als Attribut zu einem Substantiv hinzutritt und darauf betont hinweist oder auf einen (untergeordneten) Relativsatz hinweist:

Amīcī **eam** nāvem laudant. — Die Freunde loben dieses Schiff.
Hominēs **eum**, quī fortis est, diligunt. — Die Menschen schätzen denjenigen, der mutig ist.

b) als **Personalpronomen** der 3. Person:
Ubī est Iūlia? **Ea** in forō aedificia spectat. — Wo ist Julia? Sie betrachtet auf dem Forum die Bauwerke.

c) als (nicht reflexives) **Possessivpronomen** im Genitiv:
Pomptīnus amīcīs nāvem suam dēmōnstrat. — Pomptinus zeigt den Freunden sein eigenes Schiff.
Amīcī nāvem **eius** valdē laudant. — Die Freunde loben dessen (= sein) Schiff sehr.

5. **īdem** derselbe

	Singular			Plural		
Nom.	īdem	eadem	idem	iīdem	eaedem	eadem
Gen.	eiusdem			eōrundem	eārundem	eōrundem
Dat.	eīdem			iīsdem (eīsdem)		
Akk.	eundem	eandem	idem	eōsdem	eāsdem	eadem
Abl.	eōdem	eādem	eōdem	iīsdem (eīsdem)		

6. **ipse** selbst

	Singular			Plural		
Nom.	ipse	ipsa	ipsum	ipsī	ipsae	ipsa
Gen.	ipsīus			ipsōrum	ipsārum	ipsōrum
Dat.	ipsī			ipsīs		
Akk.	ipsum	ipsam	ipsum	ipsōs	ipsās	ipsa
Abl.	ipsō	ipsā	ipsō	ipsīs		

18 Interrogativpronomen

quis? wer? **quid?** was?

	m.	f.	n.
Nom.	quis	quis	quid
Gen.		cuius	
Dat.		cui	
Akk.	quem	quem	quid
Abl.		ā quō	

19 Das Pronomen qui, quae, quod

qui, quae, quod wird verwendet als **adjektivisches Interrogativpronomen** (welcher, welche, welches) und als **Relativpronomen** (der, die, das)

	Singular			Plural		
Nom.	quī	quae	quod	quī	quae	quae
Gen.		cuius		quōrum	quārum	quōrum
Dat.		cui			quibus	
Akk.	quem	quam	quod	quōs	quās	quae
Abl.	quō	quā	quō		quibus	

Statt cum quō (cum quā, cum quibus) steht oft quōcum (quācum, quibuscum).

20 Indefinitpronomina

Indefinitpronomina sind unbestimmte Fürwörter. Sie werden substantivisch oder adjektivisch verwendet.

1. **aliquis** (irgend)einer, jemand – **aliquid** (irgend)etwas

	substantivisch			adjektivisch		
Sing. Nom.	aliquis	aliquis	aliquid	aliquī	aliqua	aliquod
Gen.		alicuius			alicuius	
		usw.			usw.	
				Neutr. Pl.: aliqua		

Nach sī, nisi, nē, num entfällt ali-.

Sī quis hoc scit, prūdēns est. Wenn jemand dies weiß, ist er klug.

2. **quisquam** (irgend)einer, jemand – **ūllus** irgendeiner

	substantivisch			adjektivisch		
Sing. Nom.	quisquam	quisquam	quicquam	ūllus	ūlla	ūllum
Gen.	cuiusquam			ūllīus		
usw.				(weiter wie ūnus: 22)		

quisquam und ūllus stehen in Sätzen, die eine Verneinung ausdrücken.

3. **quīdam** ein gewisser; Plural: einige, manche

	substantivisch			adjektivisch		
Sing. Nom.	quīdam	quaedam	quiddam	quīdam	quadam	quoddam
Gen.	cuiusdam			cuiusdam		
usw.				usw.		

m wird vor *d* zu *n*: Akk. Sg.: quendam, quandam
Gen. Pl.: quōrundam, quārundam

4. **quisque** jeder Einzelne

	substantivisch			adjektivisch		
Sing. Nom.	quisque	quisque	quidque	quisque	quaeque	quodque
Gen.	cuiusque			cuiusque		
usw.				usw.		

5. **nemo** niemand – **nihil** nichts

	substantivisch		adjektivisch		
Sing. Nom.	nēmō	nihil, nīl	nūllus	nūlla	nūllum
Gen.	nūllīus	nūllīus reī	nūllīus		
Dat.	nēminī	nūllī reī	nūllī		
Akk.	nēminem	nihil, nīl	nūllum	nūllam	nūllum
Abl.	ā nūllō	nūllā rē	nūllō	nūllā	nūllō

Zahlwörter

Grund- und Ordnungszahlen

Zahlzeichen	Grundzahlen	Ordnungszahlen
1 = I	ūnus, -a, -um	prīmus, -a, -um
2 = II	duo, duae, duo	secundus (auch alter)
3 = III	trēs, tria	tertius
4 = IV	quattuor	quārtus
5 = V	quīnque	quīntus
6 = VI	sex	sextus
7 = VII	septem	septimus
8 = VIII	octō	octāvus
9 = IX	novem	nōnus
10 = X	decem	decimus
11 = XI	ūndecim	ūndecimus
12 = XII	duodecim	duodecimus
13 = XIII	trēdecim	tertius decimus
14 = XIV	quattuordecim	quārtus decimus
15 = XV	quīndecim	quīntus decimus
16 = XVI	sēdecim	sextus decimus
17 = XVII	septendecim	septimus decimus
18 = XVIII	duodēvīgintī	duodēvīcēsimus
19 = XIX	ūndēvīgintī	ūndēvīcēsimus
20 = XX	vīgintī	vīcēsimus
30 = XXX	trīgintā	trīcēsimus
40 = XL	quadrāgintā	quadrāgēsimus
50 = L	quīnquāgintā	quīnquāgēsimus
60 = LX	sexāgintā	sexāgēsimus
70 = LXX	septuāgintā	septuāgēsimus
80 = LXXX	octōgintā	octōgēsimus
90 = XC	nōnāgintā	nōnāgēsimus
100 = C	centum	centēsimus
200 = CC	ducentī, -ae, -a	ducentēsimus
300 = CCC	trecentī	trecentēsimus
400 = CCCC	quadringentī	quadringentēsimus
500 = D	quīngentī	quīngentēsimus
600 = DC	sescentī	sescentēsimus
700 = DCC	septingentī	septingentēsimus
800 = DCCC	octingentī	octingentēsimus
900 = CM	nōngentī	nōngentēsimus
1000 = M	mīlle	mīllēsimus
2000 = MM	duo mīlia	bis mīllēsimus

Die Deklination von unus, duo, tres, mille

Von den Grundzahlen werden dekliniert: ūnus, duo (ebenso ambō: beide), trēs, die Hunderte von ducentī bis nōngenti, der Plural mīlia: Tausende.

	m.	f.	n.	m.	f.	n.	m./f.	n.	n.
Nom.	ūnus	ūna	ūnum	duo	duae	duo	trēs	tria	mīlia
Gen.		ūnīus		duōrum	duārum	duōrum	trium		mīlium
Dat.		ūnī		duōbus	duābus	duōbus	tribus		mīlibus
Akk.	ūnum	ūnam	ūnum	duo, duōs	duās	duo	trēs	tria	mīlia
Abl.	ūnō	ūnā	ūnō	duōbus	duābus	duōbus	tribus		mīlibus

Wie ūnus bilden im Singular den Genitiv auf **-ius**, den Dativ auf **-i** folgende Pronominaladjektive:

ūnus	ein einziger	uter?	wer? welcher?
sōlus	allein	alter	der eine/der andere
tōtus	ganz	neuter	keiner (von beiden)
ūllus	(irgend)einer	nūllus	keiner

sowie alius (Gen: alterīus; Dat. alterī) der eine/der andere und uterque jeder (von beiden).

Verben

Die Verbalstämme

Man unterscheidet beim lateinischen Verbum den Präsensstamm, den Perfektstamm und den Partizipialstamm.
Vom **Präsensstamm** werden sämtliche Formen des Präsens, des Imperfekts und des Futur I gebildet, ferner die -nd-Formen, das Partizip Präsens und der Infinitiv Präsens.
Vom **Perfektstamm** werden die aktiven Formen des Perfekts, des Plusquamperfekts und des Futur II gebildet.
Vom **Partizipialstamm** werden (in Verbindung mit dem Hilfsverbum esse) die passivischen Formen des Perfekts, des Plusquamperfekts und des Futur II gebildet, ferner das Partizip Perfekt Passiv und das Partizip Futur Aktiv.

Die Formen des Präsensstammes im Aktiv

Indikativ Präsens Aktiv

a-		e-	i-	konsonantische	
laudō	ich lobe	habeō	audiō	agō	capiō
laudās	du lobst	habēs	audīs	agis	capis
laudat	er, sie, es lobt	habet	audit	agit	capit
laudāmus	wir loben	habēmus	audīmus	agimus	capimus
laudātis	ihr lobt	habētis	audītis	agitis	capitis
laudant	sie loben	habent	audiunt	agunt	capiunt

Indikativ Imperfekt Aktiv

a-		e-	i-		konsonantische
laudābam	ich lobte	habēbam	audiēbam	agēbam	capiēbam
laudābās		habēbās	audiēbās	agēbās	capiēbās
laudābat		habēbat	audiēbat	agēbat	capiēbat
laudābāmus		habēbāmus	audiēbāmus	agēbāmus	capiēbāmus
laudābātis		habēbātis	audiēbātis	agēbātis	capiēbātis
laudābant		habēbant	audiēbant	agēbant	capiēbant

Indikativ Futur I Aktiv

a-		e-	i-		konsonantische
laudābō	ich werde loben	habēbō	audiam	agam	capiam
laudābis		habēbis	audiēs	agēs	capiēs
laudābit		habēbit	audiet	aget	capiet
laudābimus		habēbimus	audiēmus	agēmus	capiēmus
laudābitis		habēbitis	audiētis	agētis	capiētis
laudābunt		habēbunt	audient	agent	capient

Konjunktiv Präsens Aktiv

laudem		habeam	audiam	agam	capiam
laudēs		habeās	audiās	agās	capiās
laudet		habeat	audiat	agat	capiat
laudēmus		habeāmus	audiāmus	agāmus	capiāmus
laudētis		habeātis	audiātis	agātis	capiātis
laudent		habeant	audiant	agant	capiant

Konjunktiv Imperfekt Aktiv

laudārem		habērem	audīrem	agerem	caperem
laudārēs		habērēs	audīrēs	agerēs	caperēs
laudāret		habēret	audīret	ageret	caperet
laudārēmus		habērēmus	audīrēmus	agerēmus	caperēmus
laudārētis		habērētis	audīrētis	agerētis	caperētis
laudārent		habērent	audīrent	agerent	caperent

Imperativ

Imp. I	laudā!	lobe!	habē!	audī!	age!	cape!
	laudāte!	lobt!	habēte!	audīte!	agite!	capite!
Imp. II	laudātō!	du sollst loben! er soll loben!	habētō!	audītō!	agitō!	capitō!
	laudātōte!	ihr sollt loben!	habētōte!	audītōte!	agitōte!	capitōte!
	laudantō!	sie sollen loben!	habentō!	audiuntō!	aguntō!	capiuntō!

Die Formen des Präsensstammes im Passiv

Indikativ Präsens Passiv

a-		e-	i-	konsonantische	
laudor	ich werde gelobt	habeor	audior	agor	capior
laudāris	du wirst gelobt	habēris	audīris	ageris	caperis
laudātur	er, sie, es wird gelobt	habētur	audītur	agitur	capitur
laudāmur	wir werden gelobt	habēmur	audīmur	agimur	capimur
laudāminī	ihr werdet gelobt	habēminī	audīminī	agiminī	capiminī
laudāntur	sie werden gelobt	habentur	audiuntur	aguntur	capiuntur

Indikativ Imperfekt Passiv

laudābar	ich wurde gelobt	habēbar	audiēbar	agēbar	capiēbar
laudābāris		habēbāris	audiēbāris	agēbāris	capiēbāris
laudābātur		habēbātur	audiēbātur	agēbātur	capiēbātur
laudābāmur		habēbāmur	audiēbāmur	agēbāmur	capiēbāmur
laudābāminī		habēbāminī	audiēbāminī	agēbāminī	capiēbāminī
laudābantur		habēbantur	audiēbantur	agēbantur	capiēbantur

Indikativ Futur I Passiv

laudābor	ich werde gelobt werden	habēbor	audiar	agar	capiar
laudāberis		habēberis	audiēris	agēris	capiēris
laudābitur		habēbitur	audiētur	agētur	capiētur
laudābimur		habēbimur	audiēmur	agēmur	capiēmur
laudābiminī		habēbiminī	audiēminī	agēminī	capiēminī
laudābuntur		habēbuntur	audientur	agentur	capientur

Konjunktiv Präsens Passiv

lauder		habear	audiar	agar	capiar
laudēris		habeāris	audiāris	agāris	capiāris
laudētur		habeātur	audiātur	agātur	capiātur
laudēmur		habeāmur	audiāmur	agāmur	capiāmur
laudēminī		habeāminī	audiāminī	agāminī	capiāminī
laudentur		habeantur	audiantur	agantur	capiantur

Konjunktiv Imperfekt Passiv

a-		e-	i-	konsonantische	
laudārer		habērer	audīrer	agerer	caperer
laudārēris		habērēris	audīrēris	agerēris	caperēris
laudārētur		habērētur	audīrētur	agerētur	caperētur
laudārēmur		habērēmur	audīrēmur	agerēmur	caperēmur
laudārēminī		habērēminī	audīrēminī	agerēminī	caperēminī
laudārentur		habērentur	audīrentur	agerentur	caperentur

26 Die Formen des Perfektstammes im Aktiv

Indikativ Perfekt Aktiv

a-		e-	i-	konsonantische	
laudāvī	ich habe gelobt/ ich lobte	habuī	audīvī	ēgī	cēpī
laudāvistī	du hast gelobt/ du lobtest	habuistī	audīvistī	ēgistī	cēpistī
laudāvit	er, sie, es hat ge-lobt/er, sie, es lobte	habuit	audīvit	ēgit	cēpit
laudāvimus	wir haben gelobt/ wir lobten	habuimus	audīvimus	ēgimus	cēpimus
laudāvistis	ihr habt gelobt/ ihr lobtet	habuistis	audīvistis	ēgistis	cēpistis
laudāvērunt	sie haben gelobt/ sie lobten	habuērunt	audīvērunt	ēgērunt	cēpērunt

Indikativ Plusquamperfekt Aktiv

a-		e-	i-	konsonantische	
laudāveram	ich hatte gelobt	habueram	audīveram	ēgeram	cēperam
laudāverās		habuerās	audīverās	ēgerās	cēperās
laudāverat		habuerat	audīverat	ēgerat	cēperat
laudāverāmus		habuerāmus	audīverāmus	ēgerāmus	cēperāmus
laudāverātis		habuerātis	audīverātis	ēgerātis	cēperātis
laudāverant		habuerant	audīverant	ēgerant	cēperant

Indikativ Futur II Aktiv

a-		e-	i-	konsonantische	
laudāverō		habuerō	audīverō	ēgerō	cēperō
laudāveris		habueris	audīveris	ēgeris	cēperis
laudāverit		habuerit	audīverit	ēgerit	cēperit
laudāverimus		habuerimus	audīverimus	ēgerimus	cēperimus
laudāveritis		habueritis	audīveritis	ēgeritis	cēperitis
laudāverint		habuerint	audīverint	ēgerint	cēperint

Konjunktiv Perfekt Aktiv

a-	e-	i-	konsonantische	
laudāverim	habuerim	audīverim	ēgerim	cēperim
laudāveris	habueris	audīveris	ēgeris	cēperis
laudāverit	habuerit	audīverit	ēgerit	cēperit
laudāverimus	habuerimus	audīverimus	ēgerimus	cēperimus
laudāveristis	habueritis	audiveritis	ēgeritis	cēperitis
laudāverint	habuerint	audiverint	ēgerint	cēperint

Konjunktiv Plusquamperfekt Aktiv

laudāvissem	habuissem	audīvissem	ēgissem	cēpissem
laudāvissēs	habuissēs	audīvissēs	ēgissēs	cēpissēs
laudāvisset	habuisset	audīvisset	ēgisset	cēpisset
laudāvissēmus	habuissēmus	audīvissēmus	ēgissēmus	cēpissēmus
laudāvissētis	habuissētis	audīvissētis	ēgissētis	cēpissētis
laudāvissent	habuissent	audīvissent	ēgissent	cēpissent

27 Die Formen des Partizipialstammes

Indikativ Perfekt Passiv

a-		e-	i-	konsonantische	
laudātus, a sum	ich bin gelobt worden/ich wurde gelobt	habitus sum	audītus sum	āctus sum	captus sum
laudātus, a es	du bist gelobt worden/du wurdest gelobt	habitus es	audītus es	āctus es	captus es
laudātus, a, um est	er, sie, es ist gelobt worden/ er, sie, es wurde gelobt	habitus est	audītus est	āctus est	captus est
laudātī, ae sumus	wir sind gelobt worden/wir wurden gelobt	habitī sumus	audītī sumus	āctī sumus	captī sumus
laudātī, ae estis	ihr seid gelobt worden/ihr wurdet gelobt	habitī estis	audītī estis	āctī estis	captī estis
laudātī, ae sunt	sie sind gelobt worden/sie wurden gelobt	habitī sunt	audītī sunt	āctī sunt	captī sunt

Indikativ Plusquamperfekt Passiv

a-		e-	i-	konsonantische	
laudātus eram	ich war gelobt worden	habitus eram	audītus eram	āctus eram	captus eram
laudātus erās		habitus erās	audītus erās	āctus erās	captus erās
laudātus erat		habitus erat	audītus erat	āctus erat	captus erat
laudātī erāmus		habitī erāmus	audītī erāmus	āctī erāmus	captī erāmus
laudātī erātis		habitī erātis	audītī erātis	āctī erātis	captī erātis
laudātī erant		habitī erant	audītī erant	āctī erant	captī erant

Indikativ Futur II Passiv

laudātus erō	habitus erō	audītus erō	āctus erō	captus erō
laudātus eris	habitus eris	audītus eris	āctus eris	captus eris
laudātus erit	habitus erit	audītus erit	āctus erit	captus erit
laudātī erimus	habitī erimus	audītī erimus	āctī erimus	captī erimus
laudātī eritis	habitī eritis	audītī eritis	āctī eritis	captī eritis
laudātī erunt	habitī erunt	audītī erunt	āctī erunt	captī erunt

Konjunktiv Perfekt Passiv

laudātus sim	habitus sim	audītus sim	āctus sim	captus sim
laudātus sīs	habitus sīs	audītus sīs	āctus sīs	captus sīs
laudātus sit	habitus sit	audītus sit	āctus sit	captus sit
laudātī sīmus	habitī sīmus	audītī sīmus	āctī sīmus	captī sīmus
laudātī sītis	habitī sītis	audītī sītis	āctī sītis	captī sītis
laudātī sint	habitī sint	audītī sint	āctī sint	captī sint

Konjunktiv Plusquamperfekt Passiv

a-	e-	i-	konsonantische	
laudātus essem	habitus essem	audītus essem	āctus essem	captus essem
laudātus essēs	habitus essēs	audītus essēs	āctus essēs	captus essēs
laudātus esset	habitus esset	audītus esset	āctus esset	captus esset
laudātī essēmus	habitī essēmus	audītī essēmus	āctī essēmus	captī essēmus
laudātī essētis	habitī essētis	audītī essētis	āctī essētis	captī essētis
laudātī essent	habitī essent	audītī essent	āctī essent	captī essent

28   Die Nominalformen

Infinitiv

	a-		e-	i-	konsonantische	
Präsens Aktiv	laudāre	loben	habēre	audīre	agere	capere
Präsens Passiv	laudārī	gelobt (zu) werden	habērī	audīrī	agī	capī
Perfekt Aktiv	laudāvisse	gelobt (zu) haben	habuisse	audīvisse	ēgisse	cēpisse
Perfekt Passiv	laudātum esse	gelobt worden (zu) sein	habitum esse	audītum esse	āctum esse	captum esse
Futur Aktiv	laudātūrūm esse	loben werden	habitūrum esse	audītūrum esse	āctūrum esse	captūrum esse

Partizip

	a-		e-	i-	konsonantische	
Präsens Aktiv	laudāns, laudantis		habēns, entis	audiēns, entis	agēns, entis	capiēns, entis
Perfekt Passiv	laudātus, a, um		habitus, a, um	audītus, a, um	āctus, a, um	captus, a, um
Futur Aktiv	laudātūrus, a, um		habitūrus, a, um	audītūrus, a, um	āctūrus, a, um	captūrus, a, um

nd-Formen	laudandus, a, um		habendus, a, um	audiendus, a, um	agendus, a, um	capiendus, a, um

Das Partizip Präsens Aktiv wird wie die einendigen Adjektive der 3. Deklination dekliniert (vgl. 11). Der Ausgang im Ablativ Singular lautet bei den Partizipien allerdings:
-e. Das Partizip Perfekt Passiv, das Partizip Futur Aktiv und das Gerundivum werden wie
die Adjektive der a- oder o-Deklination dekliniert (vgl. 9).

29   Deponentien

Deponentien[1] sind Verben, die **passive** Formen mit **aktiver** Bedeutung haben. Deponentien dienten ursprünglich dazu, eine reflexive Handlungsart auszudrücken, die
zwischen Aktiv und Passiv steht, das sog. Medium, wie z. B.: morari: sich aufhalten,
misereri: sich erbarmen, queri: sich beklagen u. a. Bei den meisten Deponentien ist
diese mediale Bedeutung jedoch nicht mehr zu erkennen.

---

[1] von deponere: ablegen; d. h. das Verbum hat seine ursprünglich passive Bedeutung abgelegt.

Der Präsensstamm der Deponentien

Indikativ Präsens

a-Konjugation	e-Konjugation	i-Konjugation	kons. Konjugation	
moror ich verweile	vereor ich fürchte	lārgior ich schenke	loquor ich spreche	patior ich erleide
morāris	verēris	lārgīris	loqueris	pateris
morātur	verētur	lārgītur	loquitur	patitur
morāmur	verēmur	lārgīmur	loquimur	patimur
morāminī	verēminī	lārgīminī	loquiminī	patiminī
morantur	verentur	lārgiuntur	loquuntur	patiuntur

Konjunktiv Präsens

morer	verear	lārgiar	loquar	patiar
morēris	vereāris	lārgiāris	loquāris	patiāris
usw.	usw.	usw.	usw.	usw.

Indikativ Imperfekt

morābar	verēbar	lārgiēbar	loquēbar	patiēbar
morābāris	verēbāris	lārgiēbāris	loquēbāris	patiēbaris
usw.	usw.	usw.	usw.	usw.

Konjunktiv Imperfekt

morārer	verērer	lārgīrer	loquerer	paterer
morārēris	verērēris	lārgīrēris	loquerēris	paterēris
usw.	usw.	usw.	usw.	usw.

Futur I

morābor	verēbor	lārgiar	loquar	patiar
morāberis	verēberis	lārgiēris	loquēris	patiēris
usw.	usw.	usw.	usw.	usw.

Imperativ I

morāre!	verēre!	lārgīre!	loquere!	patere!
morāminī!	verēminī!	lārgīminī!	loquiminī!	patiminī!

Die Perfektformen der Deponentien im Partizipialstamm

Indikativ Perfekt

a-Konjugation	e-Konjugation	i-Konjugation	kons. Konjugation	
morātus sum ich habe verweilt/ ich verweilte	veritus sum ich fürchtete	lārgītus sum ich schenkte	locūtus sum ich sprach	passus sum ich litt
morātus es	veritus es	lārgītus es	locūtus es	passus es
usw.	usw.	usw.	usw.	usw.

Konjunktiv Perfekt

morātus sim	veritus sim	lārgītus sim	locūtus sim	passus sim
morātus sīs	veritus sīs	lārgītus sīs	locūtus sīs	passus sīs
usw.	usw.	usw.	usw.	usw.

Indikativ Plusquamperfekt

morātus eram ich hatte verweilt	veritus eram	lārgītus eram	locūtus eram	passus eram
morātus erās	veritus erās	lārgītus erās	locūtus erās	passus erās
usw.	usw.	usw.	usw.	usw.

Konjunktiv Plusquamperfekt

morātus essem	veritus essem	lārgītus essem	locūtus essem	passus essem
morātus essēs	veritus essēs	lārgītus essēs	locūtus essēs	passus essēs
usw.	usw.	usw.	usw.	usw.

Futur II

morātus erō	veritus erō	lārgītus erō	locūtus erō	passus erō
morātus eris	veritus eris	lārgītus eris	locūtus eris	passus eris
usw.	usw.	usw.	usw.	usw.

Die Nominalformen der Deponentien

Infinitiv

Präsens	morārī	verweilen	vererī	lārgīrī	loquī	patī
Perfekt	morātum esse	verweilt (zu) haben	veritum esse	lārgītum esse	locūtum esse	passum esse
Futur	morātūrum esse	verweilen werden	veritūrum esse	lārgītūrum esse	locūtūrum esse	passūrum esse

Partizip

	a-Konjugation	e-Konjugation	i-Konjugation	kons. Konjugation	
Präsens	morāns, morantis	verēns, verentis	lārgiēns, lārgientis	loquēns, loquentis	patiēns, patientis
Perfekt	morātus, a, um	veritus, a, um	lārgītus, a, um	locūtus, a, um	passus, a, um
Futur	morātūrus, a, um	veritūrus, a, um	lārgitūrus, a, um	locūtūrus, a, um	passūrus, a, um

nd-Formen

a-Konjugation	e-Konjugation	i-Konjugation	kons. Konjugation	
morandus, a, um	verendus, a, um	lārgiendus, a, um	loquendus, a, um	patiendus, a, um

33 Semideponentien

Einige Verben bilden nur einen Teil ihrer Formen passivisch. Sie werden daher Semideponentien (Halbdeponentien) genannt. Die wichtigsten sind:

audēre	audeō	ausus sum	wagen
gaudēre	gaudeō	gavīsus sum	sich freuen
solēre	soleō	solitus sum	gewohnt sein
cōnfīdere	cōnfidō	cōnfīsus sum	vertrauen
revertī	revertor	revertī	zurückkehren
		reversus	zurückgekehrt

Verben mit besonderer Konjugation im Präsensstamm

34 esse

Präsensstamm

		Indikativ	Konjunktiv	Imperativ I	Imperativ II
Präsens		sum	sim		
		es	sīs	es!	estō!
		est	sit		estō!
		sumus	sīmus		
		estis	sītis	este!	estōte!
		sunt	sint		suntō!

		Indikativ	Konjunktiv		
Imperfekt		eram	essem	Futur I	erō
		erās	essēs		eris
		erat	esset		erit
		erāmus	essēmus		erimus
		erātis	essētis		eritis
		erant	essent		erunt

Perfektstamm

Der Perfektstamm von esse lautet: **fu-**. Er wird regelmäßig konjugiert. (vgl. **26**)

Indikativ Perfekt	fuī	Konj. Perfekt: fuerim, fueris usw.
	fuistī	Ind. Plusquamperfekt: fueram, fuerās usw.
	fuit	Konj. Plusquamperfekt: fuissem, fuissēs usw.
	fuimus	Futur II: fuerō, fueris usw.
	fuistis	
	fuērunt	

Nominalformen

	Infinitiv	Partizip
Präsens	esse	(nur gebräuchlich bei) absēns, praesēns
Perfekt	fuisse	
Futur	futūrum, am, um esse (fore)	futūrus, a, um

35 posse

possum ist entstanden aus der Verbindung von pot(e) mit sum: „ich bin mächtig, bin imstande".

Präsens	Indikativ	possum, potes, potest, possumus, potestis, possunt
	Konjunktiv	possim, possīs, possit, possīmus, possītis, possint
	Infinitiv	posse
Imperfekt	Indikativ	poteram, poterās, poterat, poterāmus, poterātis, poterant
	Konjunktiv	possem, possēs, posset, possēmus, possētis, possent
Futur		potero, poteris, poterit, poterimus, poteritis, poterunt
Perfekt-stamm	Indikativ Perfekt	potuī, potuistī usw.
	Konjunktiv Perfekt	potuerim, potueris usw.
	Indikativ Plusquamperfekt	potueram, potuerās usw.
	Konjunktiv Plusquamperfekt	potuissem, potuissēs usw.
	Futur II	potuerō, potueris usw.
	Infinitiv Perfekt	potuisse

36 ire

Der Präsensstamm von īre lautet **i-** (urspr. ei-). Vor Vokalen wird i- zu **e-**, vor Konsonanten zu **ī-**. Die Endungen werden meist ohne Aussprechvokal angefügt.

Präsens-stamm	Indikativ Präsens	eō, īs, it, īmus, ītis, eunt
	Konjunktiv Präsens	eam, eās, eat, eāmus, eātis, eant
	Indikativ Imperfekt	ībam, ībās, ībat usw.
	Konjunktiv Imperfekt	īrem, īrēs, īret usw.
	Futur I	ībō, ībis, ībit, ībimus, ībitis, ībunt
	Imperativ	ī! īte! ītō! ītōte! euntō!

Perfekt-stamm	Indikativ Perfekt	iī, īstī, iit, iimus, īstis, iērunt
	Konjunktiv Perfekt	ierim, ieris, ierit, ierimus, ieritis, ierint
	Indikativ Plusquamperfekt	ieram, ierās, ierat usw.
	Konjunktiv Plusquamperfekt	īssem, īssēs, īsset usw.
	Futur II	ierō, ieris, ierit usw.

Der Perfektstamm von īre wird ohne **-v-** gebildet; ii- verschmilzt vor -s zu **ī-**.

Nominal-formen	Infinitiv	Partizip	nd-Formen
	īre	iēns, euntis	eundum
	īsse		
	itūrum esse	itūrus, a, um	

37 fieri

Präsens	Indikativ	fīo, fīs, fit, fīmus, fītis, fīunt	Infinitiv: fierī
	Konjunktiv	fīam, fīās, fīat, fīāmus, fīātis, fīant	
Imperfekt	Indikativ	fīēbam, fīēbās, fīēbat usw.	
	Konjunktiv	fierem, fierēs, fieret usw.	
Futur I		fīam, fīēs, fīet usw.	Infinitiv: fore (futūrum, am, um esse)

fierī bildet die meisten Formen wie die Verben der konsonantischen Konjugation mit i-Erweiterung (vgl. **24**: capiō). Es wird im Präsensstamm auch als Passiv von facere verwendet: „gemacht werden".

38 velle, nolle, malle

		Indikativ			Konjunktiv	
Präsens	volō	nōlō	mālō	velim	nōlim	mālim
	vīs	nōn vīs	māvīs	velīs	nōlīs	mālīs
	vult	nōn vult	māvult	velit	nōlit	mālit
	volumus	nōlumus	mālumus	velīmus	nōlīmus	mālīmus
	vultis	nōn vultis	māvultis	velītis	nōlītis	mālītis
	volunt	nōlunt	mālunt	velint	nōlint	malint

		Indikativ			Konjunktiv	
Imperfekt	volēbam	nōlēbam	mālēbam	vellem	nōllem	māllem
	volēbās	nōlēbās	mālēbās	vellēs	nōllēs	māllēs
	volēbat	nōlēbat	mālēbat	vellet	nōllet	māllet
	usw.	usw.	usw.	usw.	usw.	usw.

		Indikativ	
Futur	volam	nōlam	mālam
	volēs	nōlēs	mālēs
	volet	nōlet	mālet
	usw.	usw.	usw.

Imperativ	–	nōli!	–
	–	nōlīte!	–

Partizip	volēns	(invītus, a, um)	–

Die Formen des Perfektstammes von velle, nolle, malle werden mit **-u-** gebildet:
voluī, voluistī, voluit usw.; nōluī, nōluistī, nōluīt usw.; māluī, māluistī, māluit usw.
Zum verneinten Imperativ (prohibitivus) vgl. 60.3.

Unveränderliche Wortarten

Adverbien

39 **Die Bildung der Adverbien aus den Adjektiven**

Bei den Adjektiven der **a- und o-Deklination** wird an den Wortstock die Endung **-ē** gesetzt, bei den Adjektiven der **3. Deklination** wird an den Wortstock die Endung **-iter** angefügt. Adjektive, deren **Stamm auf -nt** endet, erhalten die Endung **-er**.

Deklination	Adjektiv	Adverb
a-/o-Deklination	molestus	molestē
	miser	miserē
	pulcher	pulchrē
3. Deklination	brevis	breviter
	ācer	ācriter
	prūdēns	prūdenter
Ausnahmen sind:	facilis	facile
	difficilis	difficulter
	bonus	bene

40 **Die Steigerung der Adverbien**

Wie die Adjektive können auch die Adverbien gesteigert werden. Der **Komparativ** der Adverbien erhält die Endung **-ius** (= Akkusativ Sing. Neutr. des Komparativs der Adjektive). Der **Superlativ** der Adverbien erhält die Endung **-ē**.

Adjektiv	Positiv	Komparativ	Superlativ
altus	altē	altius	altissimē
gravis	graviter	gravius	gravissimē
fēlīx	fēlīciter	fēlīcius	fēlīcissimē
vehemēns	vehementer	vehementius	vehementissimē
pulcher	pulchrē	pulchrius	pulcherrimē
celer	celeriter	celerius	celerrimē
facilis	facile	facilius	facillimē

41 **Unregelmäßige Adverbbildungen und ihre Steigerung**

bene	gut	melius	besser	optimē	am besten
male	schlecht	pēius	schlechter	pessimē	am schlechtesten
māgnopere	sehr	magis	mehr	māximē	am meisten
multum	viel	plūs	mehr	plūrimum	am meisten
paulum	wenig	minus	weniger	minimē	am wenigsten
diū	lange	diūtius	länger	diūtissimē	am längsten
saepe	oft	saepius	öfter	saepissimē	sehr oft
prope	nahe	propius	näher	proximē	am nächsten
		potius	lieber	potissimum	hauptsächlich

Satzgrammatik

Satzglieder

42 **Satzkern**

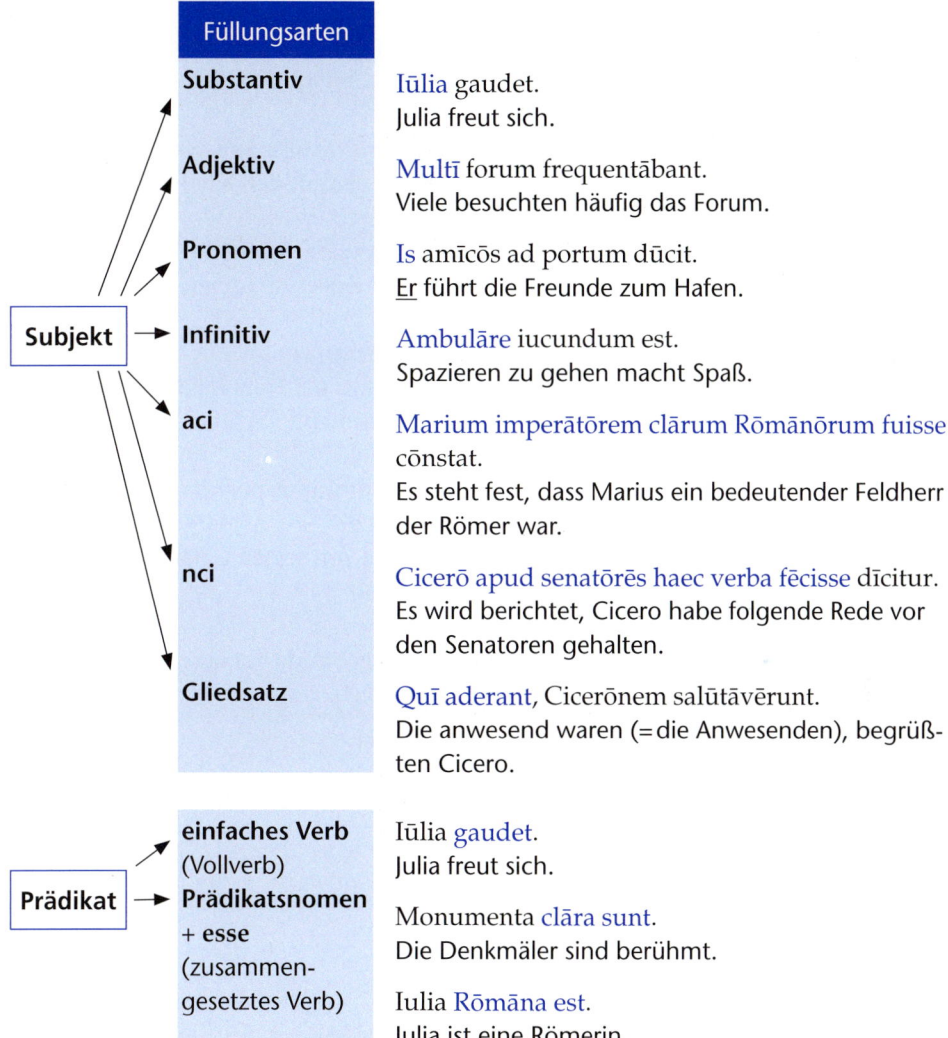

Füllungsarten	
Substantiv	Iūlia gaudet. Julia freut sich.
Adjektiv	Multī forum frequentābant. Viele besuchten häufig das Forum.
Pronomen	Is amīcōs ad portum dūcit. Er führt die Freunde zum Hafen.
Infinitiv	Ambulāre iucundum est. Spazieren zu gehen macht Spaß.
aci	Marium imperātōrem clārum Rōmānōrum fuisse cōnstat. Es steht fest, dass Marius ein bedeutender Feldherr der Römer war.
nci	Cicerō apud senatōrēs haec verba fēcisse dīcitur. Es wird berichtet, Cicero habe folgende Rede vor den Senatoren gehalten.
Gliedsatz	Quī aderant, Cicerōnem salūtāvērunt. Die anwesend waren (= die Anwesenden), begrüßten Cicero.

Subjekt →

einfaches Verb (Vollverb)	Iūlia gaudet. Julia freut sich.
Prädikatsnomen **+ esse** (zusammen- gesetztes Verb)	Monumenta clāra sunt. Die Denkmäler sind berühmt. Iulia Rōmāna est. Julia ist eine Römerin.

Prädikat →

Das Prädikat richtet sich in Person und Numerus nach dem Subjekt (Kongruenz). Bei den zusammengesetzten Verben stimmt das Prädikatsnomen mit dem Subjekt *immer* im Kasus überein, *meist* auch im Numerus und im Genus (KNG-Kongruenz).

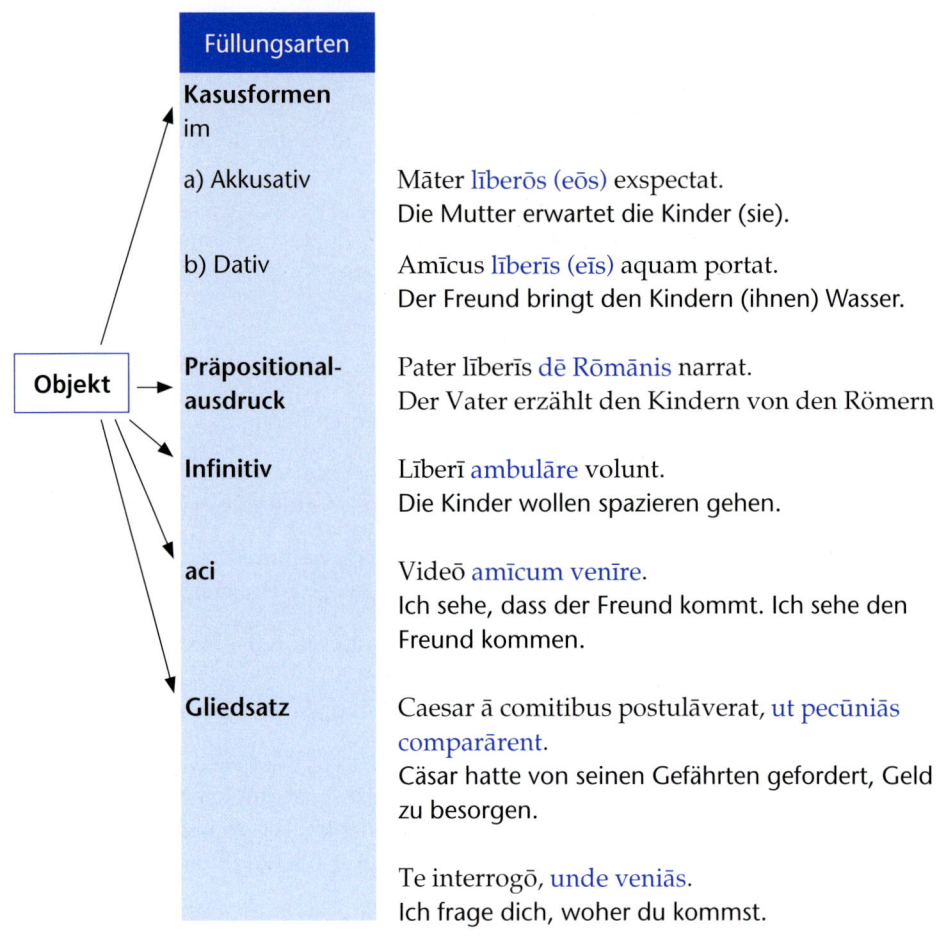

Füllungsarten	
Kasusformen im	
a) Akkusativ	Māter līberōs (eōs) exspectat. Die Mutter erwartet die Kinder (sie).
b) Dativ	Amīcus līberīs (eīs) aquam portat. Der Freund bringt den Kindern (ihnen) Wasser.
Präpositional-ausdruck	Pater līberīs dē Rōmānis narrat. Der Vater erzählt den Kindern von den Römern.
Infinitiv	Līberī ambulāre volunt. Die Kinder wollen spazieren gehen.
aci	Videō amīcum venīre. Ich sehe, dass der Freund kommt. Ich sehe den Freund kommen.
Gliedsatz	Caesar ā comitibus postulāverat, ut pecūniās comparārent. Cäsar hatte von seinen Gefährten gefordert, Geld zu besorgen. Te interrogō, unde veniās. Ich frage dich, woher du kommst.

Objekt

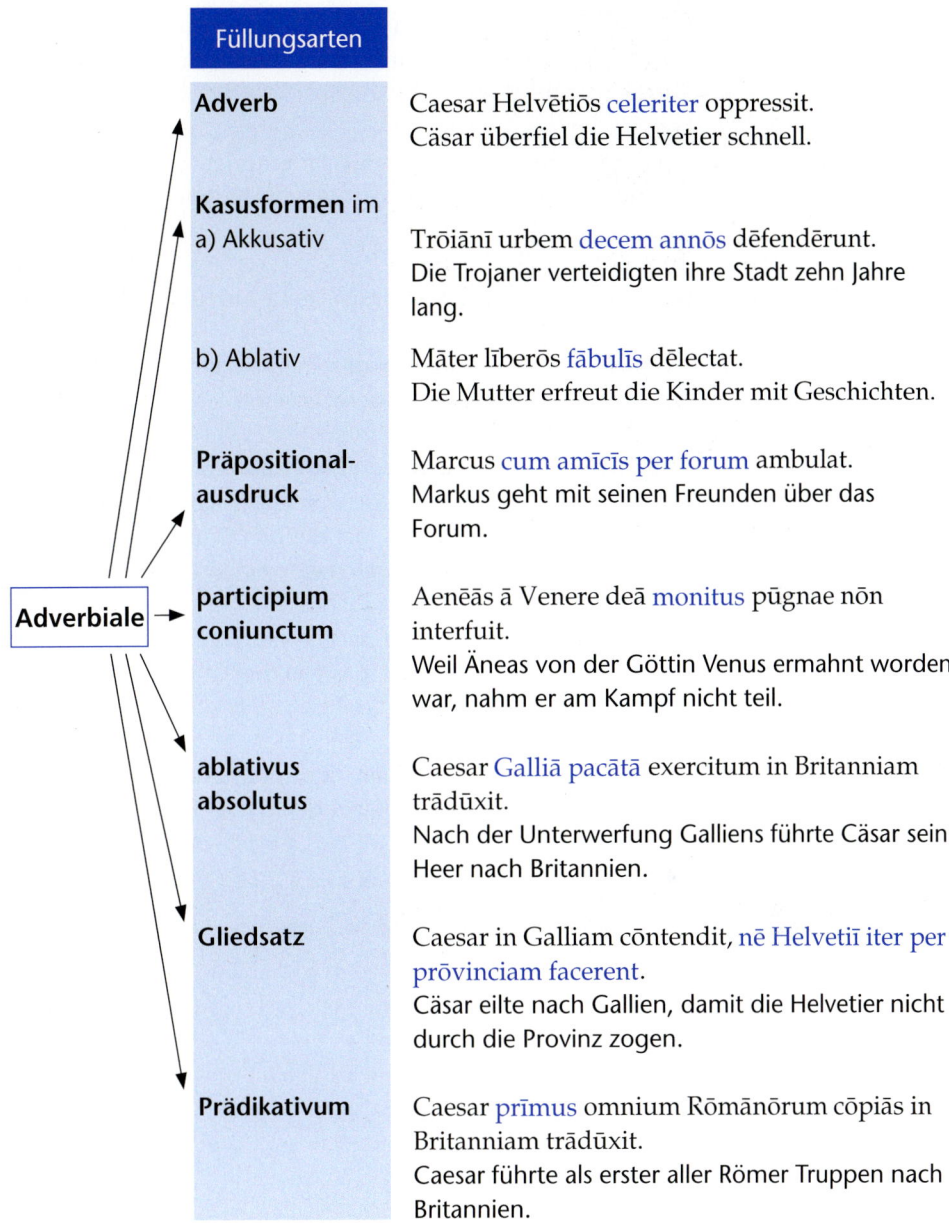

	Füllungsarten	
Adverb	Caesar Helvētiōs celeriter oppressit. Cäsar überfiel die Helvetier schnell.
Kasusformen im a) Akkusativ	Trōiānī urbem decem annōs dēfendērunt. Die Trojaner verteidigten ihre Stadt zehn Jahre lang.
b) Ablativ	Māter līberōs fābulīs dēlectat. Die Mutter erfreut die Kinder mit Geschichten.
Präpositional-ausdruck	Marcus cum amīcīs per forum ambulat. Markus geht mit seinen Freunden über das Forum.
participium coniunctum	Aenēās ā Venere deā monitus pūgnae nōn interfuit. Weil Äneas von der Göttin Venus ermahnt worden war, nahm er am Kampf nicht teil.
ablativus absolutus	Caesar Galliā pacātā exercitum in Britanniam trādūxit. Nach der Unterwerfung Galliens führte Cäsar sein Heer nach Britannien.
Gliedsatz	Caesar in Galliam cōntendit, nē Helvetiī iter per prōvinciam facerent. Cäsar eilte nach Gallien, damit die Helvetier nicht durch die Provinz zogen.
Prädikativum	Caesar prīmus omnium Rōmānōrum cōpiās in Britanniam trādūxit. Caesar führte als erster aller Römer Truppen nach Britannien.

Adverbiale

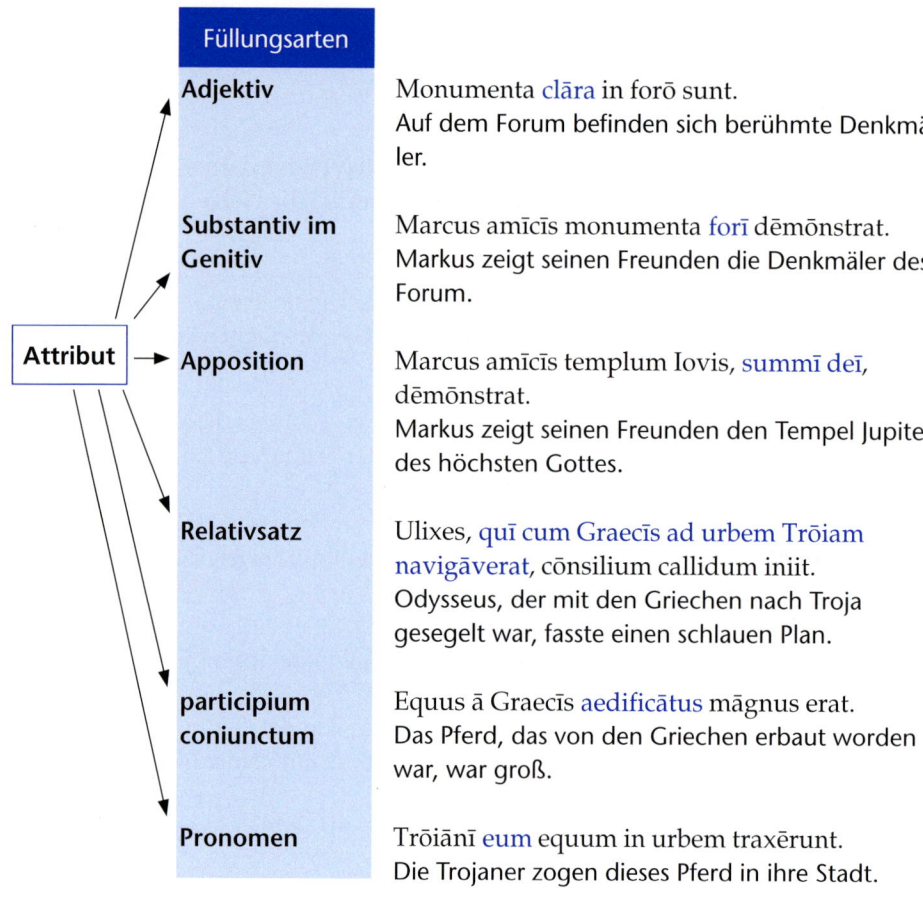

Füllungsarten	
Adjektiv	Monumenta clāra in forō sunt. Auf dem Forum befinden sich berühmte Denkmäler.
Substantiv im Genitiv	Marcus amīcīs monumenta forī dēmōnstrat. Markus zeigt seinen Freunden die Denkmäler des Forum.
Apposition	Marcus amīcīs templum Iovis, summī deī, dēmōnstrat. Markus zeigt seinen Freunden den Tempel Jupiters, des höchsten Gottes.
Relativsatz	Ulixes, quī cum Graecīs ad urbem Trōiam navigāverat, cōnsilium callidum iniit. Odysseus, der mit den Griechen nach Troja gesegelt war, fasste einen schlauen Plan.
participium coniunctum	Equus ā Graecīs aedificātus māgnus erat. Das Pferd, das von den Griechen erbaut worden war, war groß.
Pronomen	Trōiānī eum equum in urbem traxērunt. Die Trojaner zogen dieses Pferd in ihre Stadt.

Attribut

Kasusfunktionen

Genitiv

Der Genitiv antwortet oft auf die Frage: WESSEN? (genitivus subiectivus, genitivus possessivus) oder: WAS FÜR EIN(E)? (genitivus partitivus, genitivus qualitatis). Er bezeichnet:

	semantische Funktion	syntaktische Funktion	Beispiele
1	das Subjekt einer „Handlung"/Empfindung (gen. subiectivus)	Attribut	timor cīvium die Furcht der Bürger (= die Bürger fürchten sich)
2	das Objekt einer „Handlung"/Empfindung (gen. obiectivus)	Attribut	timor cīvium die Furcht vor den Bürgern (= man fürchtet die Bürger)
3	das Ganze, von dem ein Teil angegeben ist (gen. partitivus)	Attribut	cōpia elephantōrum eine Menge (von) Elefanten
4	die Eigenschaft (gen. qualitatis)	Attribut	Gladiātōrēs māgnae fortitūdinis in arēnā pugnavērunt. Gladiatoren von großer Tapferkeit kämpften in der Arena.
		Prädikatsnomen	Gladiātōrēs māgnae fortitūdinis erant. Die Gladiatoren waren von großer Tapferkeit, waren sehr tapfer.
5	den Besitzer (gen. possessivus)	Attribut	Domus patris māgna est. Das Haus des Vaters ist groß.
		Prädikatsnomen	Domus patris est. Das Haus gehört dem Vater
		Prädikatsnomen	rēgis est (unpers.) es ist Aufgabe (Pflicht) des Königs fortitūdinis est es ist ein Zeichen von Tapferkeit
6	den Wert (gen. pretii)	Prädikatsnomen	Domus māgnī est. Das Haus ist teuer.
		Adverbiale	Amīcum māgnī aestimāmus. Wir schätzen den Freund hoch (sehr).

Außerdem steht der genitivus obiectivus als Ergänzung bei den Adjektiven mit der Bedeutung: „begierig, kundig, eingedenk, teilhaftig, mächtig, voll und deren Gegenteil": cupidus pecūniae - geldgierig.

45 ▮ Dativ

Der Dativ antwortet oft auf die Frage: WEM? (Dativobjekt) oder: FÜR WEN?, WOFÜR? (dativus commodi, dativus finalis). Er bezeichnet:

	semantische Funktion	syntaktische Funktion	Beispiele
1	die Person/Sache, der eine Handlung gilt	Objekt	Marcus amīcīs cibum portat. Markus bringt seinen Freunden Essen.
2	die Person/Sache, zu deren Vorteil (Nachteil) etwas geschieht **(dat. commodi/ incommodi)**	Objekt	Nōn scholae, sed vītae discimus. Wir lernen nicht für die Schule, sondern für das Leben.
3	den Zweck/das Ziel einer Handlung **(dat. finalis)**	Prädikatsnomen	Lūdī nōbīs gaudiō sunt. (Die Spiele gereichen uns zur Freude.) Die Spiele machen uns Freude.
4	beim Gerundivum den Urheber einer Handlung **(dat. auctoris)**	Adverbiale	Industria tua mihi laudanda est. Ich muss deinen Fleiß loben.

46 ▮ Akkusativ

Der Akkusativ antwortet oft auf die Frage: WEN oder WAS? (Akkusativobjekt), WOHIN? (Akkusativ der Richtung) oder: WIE LANGE? (Akkusativ der zeitlichen Ausdehnung).

	semantische Funktion	syntaktische Funktion	Beispiele
1	die Person/Sache, auf die eine Handlung gerichtet ist.	Objekt	Dominus convīvās exspectat. Der Herr erwartet seine Gäste.
2	die Richtung	Präpositionalobjekt	Amīcī in silvam[1] properant. Die Freunde eilen in den Wald
3	die (zeitliche/räumliche) Ausdehnung	Adverbiale	Trōiānī urbem decem annōs dēfendērunt. Die Trojaner verteidigten ihre Stadt zehn Jahre lang.
4	Ausrufe	Interjektion	Nōs miserōs! Wir Armen!
5	die Person, auf die eine Handlung gerichtet ist, *und* das Ergebnis oder der Inhalt dieser Handlung **(doppelter Akkusativ)**	Objekt + Prädikatsnomen	Rōmānī Marium cōnsulem creāvērunt. Die Römer wählten Marius als (zum) Konsul. Marius sē imperātōrem fortem praestitit. Marius erwies sich als tapferer Feldherr.

---

[1] Bei Namen von Städten, bei domus und bei rus entfällt die Präposition: Romam redire – domum venire – rus mittere.

Der Ablativ antwortet oft auf die Frage: WOMIT? WODURCH? (ablativus instrumenti), WOVON? (ablativus separationis), WO? (ablativus loci) oder: WANN? (ablativus temporis). Er bezeichnet:

	semantische Funktion	syntaktische Funktion	Beispiele
1	die Herkunft/Trennung (abl. separationis)	Adverbiale	Cīves (ā) curīs līberī sunt. Die Bürger sind frei von Sorgen
2	das Mittel/Werkzeug (abl. instrumenti)	Adverbiale	Marcus amīcōs fābulīs dēlectat. Markus erfreut seine Freunde mit Geschichten.
3	die Begleitung (abl. sociativus)	Adverbiale	Marcus cum amīcīs per forum ambulat. Markus geht (gemeinsam) mit seinen Freunden über das Forum.
4	die Art und Weise (abl. modi)	Adverbiale	Dominus convīvās māgnō (cum) gaudiō exspectat. Der Herr erwartet seine Gäste mit großer Freude.
5	die Zeit (abl. temporis)	Adverbiale	Marcus prīmā horā (ē lectō) surgit. Markus steht um 6.00 Uhr auf.
6	den Grund (abl. causae)	Adverbiale	Lūdīs gaudēmus. Wir freuen uns über die Spiele.
7	den Vergleich (abl. comparationis)	Adverbiale	Vulpēs callidior corvō est. Der Fuchs ist schlauer als der Rabe.
8	das Maß (abl. mensurae)	Adverbiale	Vulpēs multō callidior corvō est. Der Fuchs ist viel schlauer als der Rabe.
9	den Ort (abl. loci)	Adverbiale	Multa monumenta in forō[1] sunt. Auf dem Forum befinden sich viele Denkmäler.
10	die Eigenschaft[2] (abl. qualitatis)	Attribut	Vir māgnō ingeniō ōrātiōnem habet. Ein Mann von großer Begabung hält die Rede.
		Prädikatsnomen	Amīcī bonō animō sunt. Die Freunde sind guten Mutes.

---

[1] Bei den Städtenamen der a- und o-Deklination im Singular, sowie bei domus und rus ist die alte Lokativ-Endung erhalten geblieben: Corinthi: in Korinth – Romae (< Roma-i): in Rom – domi: zu Hause – ruri: auf dem Land.
[2] Der ablativus qualitatis und der genitivus qualitatis werden ohne große Bedeutungsunterschiede verwendet gelegentlich sogar nebeneinander: vir magni ingenii et summa prudentia.

Satzwertige Konstruktionen

Zu den Verbformen, die nicht wie ein finites Verb durch Person, Numerus, Modus, Tempus und genus verbi bestimmt werden, zählen die Infinitive, die Partizipien und die nd-Formen. Auch diese infiniten Verbformen können die Funktion von Satzgliedern (Subjekt, Objekt, Adverbiale) übernehmen (vgl. **42–43**). Sie entsprechen dabei nicht selten einem lateinischen Gliedsatz und werden auch in der deutschen Übersetzung meist mit einem Adverbialsatz wiedergegeben:

Ambulantes dēlectāmur.
Ambulandō dēlectāmur.   Wenn wir spazieren gehen, werden wir erfreut.
Cum ambulāmus, dēlectāmur.

Damit haben auch diese infiniten Verbformen den Wert von Sätzen und werden deshalb als satzwertige Konstruktionen bezeichnet.

Zu den satzwertigen Konstruktionen zählen: aci, nci, participium coniunctum, ablativus absolutus, das Gerundium mit Akkusativ, das attributive Gerundivum und das Prädikativum.

48 Akkusativ mit Infinitiv (aci)

1. Nach Ausdrücken des Sagens (verba dicendi),

| der **Wahrnehmung** und des Wissens (verba sentiendi), | der **Gefühlsäußerung** (verba affectus), |

dīcere: sagen	audīre: hören	dolēre: leiden
existimāre: meinen	comperīre: erfahren	moleste ferre: sich ärgern
narrāre: erzählen	scīre: wissen	gaudēre: sich freuen
negāre: verneinen	sentīre: meinen	querī: sich beklagen
putāre: glauben	vidēre: sehen	u. a.
u. a.	u. a.	

kann zu einem nominalen Akkusativobjekt ein Infinitiv hinzutreten und mit dem Nomen zusammen das **Objekt** bilden:

Videō amīcum.	Ich sehe		den Freund.
Videō amīcum venīre.	Ich sehe		den Freund kommen.
	Ich sehe,	dass	der Freund kommt.

Bei einer solchen Wiedergabe durch einen Gliedsatz mit „dass" wird das Nomen im Akkusativ zum **Subjekt** und der **Infinitiv** zum Prädikat. Man spricht daher von einem **Subjektsakkusativ** und einem **Prädikatsinfinitiv**.

Der Prädikatsinfinitiv kann durch adverbiale Bestimmungen und Objekte erweitert werden:

Videō amīcum domum celeriter intrāre.
Ich sehe, dass der Freund das Haus schnell betritt.

2. Nach unpersönlichen Ausdrücken wie

> appāret: es zeigt sich
> constāt: es steht fest
> fāma est: es geht das Gerücht
> oportet: es ist nötig

hat der aci die Funktion eines **Subjekts**:
M. Furium imperātōrem clārum fuisse cōnstat.
Es steht fest, dass M. Furius ein großartiger Feldherr war.

3. Der Infinitiv im aci drückt ein **Zeitverhältnis** zur übergeordneten Handlung aus:

Servus audit Der Diener hört, dass	dominum domum redīre. der Herr nach Hause zurückkehrt. dominum morbō gravī vexārī. der Herr von einer schweren Krankheit geplagt wird.	Gleichzeitigkeit
	dominum domum redīsse. der Herr nach Hause zurückgekehrt ist dominum morbō gravī vexatum esse. der Herr von einer schweren Krankheit geplagt wurde.	Vorzeitigkeit
	dominum domum reditūrum esse. der Herr nach Hause zurückkehren wird.	Nachzeitigkeit

4. Die Wiedergabe im Deutschen:
Neben einem Gliedsatz mit „dass" ist auch eine andere und häufig bessere Wiedergabe möglich, z. B.:
Der Diener hört, der Herr kehre nach Hause zurück; er werde von einer schweren Krankheit geplagt.
Wie der Diener hört, kehrt der Herr nach Hause zurück; dem Vernehmen nach wird der Herr von einer schweren Krankheit geplagt.

5. Personal- und Possessivpronomen im aci, die sich auf das **Subjekt** des Satzes beziehen, stehen in der **reflexiven** Form (vgl. **15–16**). Liegt **keine Identität** zwischen Subjekt und Pronomen vor, stehen die Formen von **is, ea, id** (vgl. **17.4**).
Unterscheide:

Pomptīnus amīcīs narrat sē in terrās ultimās nāvigavisse.
Pomptinus erzählt den Freunden, er sei oft in weit entfernte Länder gefahren.

Amīcī eum nautam bonum esse putant. Die Freunde glauben, er sei ein guter Seemann.

49 Nominativ mit Infinitiv (nci)

1. Werden bestimmte Verben, von denen im Aktiv ein aci abhängig ist, ins Passiv gesetzt, tritt an die Stelle des (Subjekt-)Akkusativs der Nominativ:

Tacitus Flāvum valdē irātum fuisse trādit.
Tacitus berichtet, Flavus sei sehr zornig gewesen.
Flāvus valdē irātus fuisse trāditur.
Es wird überliefert, dass Flavus sehr zornig gewesen ist.

2. Der nci steht bei:

videor	man sieht, dass ich; ich scheine
dīcor	man sagt, dass ich; ich soll
existimor putor iūdicor	man glaubt, dass ich; ich soll
iubeor	man befiehlt, dass ich; ich werde beauftragt
fertur/traditur	man berichtet/überliefert, dass; er, sie, es soll

3. Für das Zeitverhältnis gelten dieselben Regeln wie beim aci (vgl. **48.3**).

50 Partizip

1. Das Partizip steht zu einem bestimmten Nomen im Satz in **KNG-Kongruenz**:
Amīcī per forum ambulantēs monumenta spectant.
Die Freunde, die über das Forum gehen, betrachten die Denkmäler.
Trōiānī equum ā Graecīs aedificātum in urbem traxērunt.
Die Trojaner zogen das von den Griechen erbaute (hölzerne) Pferd in ihre Stadt.
Cerēs dea fīliam investīgātūra omnem orbem terrārum peragrāvit.
Um ihre Tochter zu suchen, durchstreifte die Göttin Ceres den ganzen Erdkreis.

2. Die verschiedenen Formen der Partizipien bezeichnen ein bestimmtes **Zeitverhältnis** zum übergeordneten Prädikat. Es bezeichnet das

Partizip Präsens Aktiv	die Gleichzeitigkeit
Partizip Perfekt Passiv	die Vorzeitigkeit
Partizip Futur Aktiv	die Nachzeitigkeit

3. Die **syntaktische Funktion** des Partizips:

Attribut	Übersetzung: wörtlich oder durch einen Relativsatz
Equus ā Graecīs aedificātus māgnus fuit.	Das von den Griechen erbaute Pferd war groß. Das Pferd, das von den Griechen erbaut worden war, war groß.

Adverbiale	Übersetzung: durch einen adverbialen Gliedsatz, Beiordnung oder einen Präpositionalausdruck
Seneca suprā balnea habitāns turbam hominum dēscrīpsit.	Als/während Seneca über der Badeanstalt wohnte, beschrieb er das Getümmel der Menschen.
Aenēās ā Venere deā monitus pūgnae nōn interfuit.	Da/weil Äneas von der Göttin Venus gemahnt worden war, nahm er am Kampf nicht teil. Äneas war von der Göttin Venus gemahnt worden; deshalb nahm er am Kampf nicht teil. Wegen der Mahnung der Göttin Venus nahm Äneas am Kampf nicht teil.
Plinius Rōmā profectus multōs diēs iter in prōvinciam fēcit.	Nachdem Plinius aus Rom aufgebrochen war, reiste er viele Tage lang in die Provinz. Nach seinem Aufbruch aus Rom reiste Plinius viele Tage lang in die Provinz.
Cerēs dea fīliam investīgātūra omnem orbem terrārum peragrāvit.	Um ihre Tochter zu suchen, durchstreifte die Göttin Ceres den ganzen Erdkreis.

In seiner adverbialen Funktion wird das Partizip auch **participium coniunctum** genannt.

4. Die **Sinnrichtung (semantische Funktion)** der Partizipien muss jeweils aus dem Kontext erschlossen und entsprechend übersetzt werden. Die folgende Tabelle nennt die wichtigsten Sinnrichtungen und die Möglichkeit ihrer Wiedergabe.

semantische Funktion	Unterordnung	Beiordnung	Präpositionaler Ausdruck
temporal	vorzeitig: als; nachdem gleichzeitig: als; während; wenn	und danach und währenddessen	nach während; bei
kausal	da; weil	und daher; und deshalb	wegen; infolge; aus
konzessiv	obwohl; obgleich	trotzdem; dennoch	trotz
modal	indem; dadurch (dass); verneint: ohne zu; ohne dass	und so; und dabei und so nicht; und dabei nicht	mit; bei ohne
final	damit; um zu		um ... willen

5. **Übersetzungsmethode** bei der Erschließung von Sätzen mit Partizipialkonstruktionen:

Aenēās urbem Trōiam armīs dēfendere cupiēns ā Venere deā monitus est, ut cum suīs effugeret.

a) Unterstreiche das Partizip und sein Beziehungswort:
<u>Aenēās</u> urbem Trōiam armīs dēfendere <u>cupiēns</u> ā Venere deā monitus est, ut cum suīs effugeret.

b) Isoliere das Partizip mit seiner Ergänzung von den übrigen Teilen des Satzes:
<u>Aenēās</u> [urbem Trōiam armīs dēfendere <u>cupiēns</u>] ā Venere deā monitus est, ut cum suīs effugeret.

c) Übersetze zunächst den Satz ohne die partizipiale Ergänzung:
Aeneas wurde von der Göttin Venus gemahnt, mit seinen Angehörigen zu fliehen.

d) Übersetze dann die partizipiale Ergänzung in Form einer <u>selbstständigen</u> Aussage:
Aeneas wünscht(e) sehr, die Stadt Troja mit Waffengewalt zu verteidigen.
Ob das Präsens oder Präteritum gewählt werden muss, hängt vom Prädikat der übergeordneten Aussage ab.

e) Stelle fest, in welchem logischen Verhältnis beide Aussagen zueinander stehen, und bringe dieses Verhältnis durch die entsprechende Subjunktion zum Ausdruck:
Obwohl Aeneas sehr wünschte, die Stadt Troja mit Waffengewalt zu verteidigen, wurde er von der Göttin Venus gemahnt, mit seinen Angehörigen zu fliehen.

51 Ablativ mit Partizip (ablativus absolutus)

1. Der Ablativ mit Partizip ist aus einem instrumentalen oder temporalen Ablativ entstanden.
Durch die Verbindung eines Ablativs mit einem Partizip entsteht eine **satzwertige Konstruktion**, die oft nur durch einen adverbialen Gliedsatz, durch Beiordnung oder durch einen Präpositionalausdruck wiedergegeben werden kann:

Tremōre auctō māgnus timor incessit animōs hominum.	Durch das zunehmende Erdbeben befiel die Menschen große Furcht. Nachdem/Weil das Erdbeben zugenommen hatte, befiel die Menschen große Furcht.
Complūribus aedificiīs iam dēlētīs Pliniō oppidō exīre placuit.	Als/Nachdem schon mehrere Gebäude zerstört waren, beschloss Plinius, aus der Stadt wegzugehen. Mehrere Gebäude waren schon zerstört und daher beschloss Plinius, aus der Stadt wegzugehen. Nach der Zerstörung mehrerer Gebäude beschloss Plinius, aus der Stadt wegzugehen.
Multīs incolīs portum petentibus nūbēs ātra apparuit.	Während/Als viele Einwohner zum Hafen eilten, zeigte sich eine schwarze Wolke. Während der Flucht vieler Einwohner zum Hafen zeigte sich eine schwarze Wolke.

2. Für die **Sinnrichtung** des Ablativs mit Partizip und für das **Zeitverhältnis** des Partizips gelten dieselben Regeln wie beim participium coniunctum (vgl. **50.2/4**)

3. Beim **nominalen** ablativus absolutus kann an die Stelle des Partizips ein Nomen (Substantiv oder Adjektiv) im Ablativ treten. Bei den Substantiven handelt es sich meist um Amts- oder Berufsbezeichnungen.

Cicerōne cōnsule Catilina novīs rēbus studuit.	Als Cicero Konsul war, plante Catilina einen Umsturz. Während Ciceros Konsulat plante Catilina ein Umsturz.
Hannibale duce cōpiās Carthāginiēnsium in Italiam invasērunt.	Unter Hannibals Führung drangen die Truppen der Karthager in Italien ein.
Hannibale vīvō Rōmānī numquam ab insidiīs tūtī erant.	Solange Hannibal lebte (zu Lebzeiten Hannibals), waren die Römer niemals sicher vor Anschlägen.

4. Für die **Übersetzung** empfiehlt es sich, den Ablativ mit Partizip zunächst aus dem Satz herauszulösen und ihn als selbständige Aussage der Aussage des Kernsatzes gegenüberzustellen. Wie beim participium coniunctum (vgl. **50.5**) werden dann beide Einzelaussagen in geeigneter Weise miteinander verbunden:

a) Māgnus timor tremōre valdē auctō animōs omnium incessit.
Māgnus timor [tremōre valdē auctō] animōs omnium incessit.
Große Furcht befiel alle. - Das Beben hatte sehr zugenommen.
Da das Beben sehr zugenommen hatte, befiel alle eine große Furcht.

b) Līberīs parentēs quaerentibus virī fēminaeque per viās errābant.
[Līberīs parentēs quaerentibus] virī fēminaeque per viās errābant.
Kinder suchten nach ihren Eltern. - Männer und Frauen irrten durch die Straßen.
Während die Kinder nach ihren Eltern suchten, irrten Männer und Frauen durch die Straßen.

1. Das Gerundium

Das Gerundium dient als Ersatz für die fehlenden Kasus des substantivierten Infinitivs; es ist ein **Verbalsubstantiv**.

syntaktische Funktion	Übersetzung	Beispiel
Genitivattribut	Infinitiv mit „zu" oder Präpositionalausdruck	Ad flūmen Rubicōnem Caesar dīxit: „Nunc nobis est facultas redeundī." Am Rubikon sagte Caesar. „Jetzt haben wir noch die Möglichkeit zurückzukehren/zur Rückkehr."
Adverbiale im Akkusativ	Präpositionalausdruck	Caesar ad pugnandum parātus erat. Cäsar war bereit zu kämpfen/zum Kampf.
Adverbiale im Ablativ	Präpositionalausdruck	Caesar Galliam subiciendō glōriam sibi parāvit. Dadurch dass er Gallien unterwarf/Durch die Unterwerfung Galliens erwarb sich Caesar Ruhm.

Das Gerundium kann durch ein Adverb ergänzt werden:

Caesar flūmen celeriter trānseundō Pompeium oppressit.

Dadurch, dass Cäsar den Fluss schnell überschritt, brachte er Pompeius in Bedrängnis.

2. Das Gerundivum

Das Gerundivum ist ein **Verbaladjektiv** mit passiver Bedeutung. Es erscheint in:

attributiver Funktion und steht als Verbaladjektiv in KNG-Kongruenz zu seinem Beziehungswort. Es kann in allen Kasus vorkommen, am häufigsten im Genitiv, im Akkusativ nach Präpositionen und im Ablativ. Die Übersetzung erfolgt meist durch einen Infinitiv oder einen Präpositionalausdruck.

Genitiv	Augustus cōnsilium Ovidiī relegandī cēpit.	Augustus fasste den Plan Ovid zu verbannen/zur Verbannung Ovids.
Akkusativ	Marius ad rem pūblicam servandam parātus erat.	Marius war bereit den Staat zu retten/zur Rettung des Staates.
Ablativ	Ovidius poēta carminibus compōnendīs glōriam sibi parāvit.	Der Dichter Ovid erwarb sich großen Ruhm dadurch, dass er Gedichte verfasste/durch das Verfassen von Gedichten.

Das attributive Gerundivum kann auch durch ein deutsches Adjektiv mit -*wert* oder -*lich* wiedergegeben werden:

fortuna non toleranda   ein unerträgliches Schicksal

industria laudanda   ein lobenswerter Fleiß

prädikativer Funktion und steht als

a)	**Prädikatsnomen** bei esse; es drückt aus was getan werden **muss/soll** bzw. **nicht** getan werden **darf/soll**. Die handelnde Person steht dabei im **Dativ** (dativus auctoris).

Facultās laudanda (nōn) est.	Die Fähigkeit muss/soll (darf nicht/ soll nicht) gelobt werden.
Mihi facultās laudanda est.	(Die Fähigkeit muss von mir gelobt werden.) = Ich muss/soll die Fähigkeit loben.

b)	**Prädikativum** bei den Verben des **Gebens und Nehmens**. Bei Verben wie dare, tradere, mittere, curare (lassen) u. a. drückt die nd-Form den Zweck aus:

Tibi epistulam legendam dō.	Ich gebe dir den Brief zum Lesen/ zu lesen.
Caesar corvum emendum curāvit.	Der Kaiser ließ den Raben kaufen.

53 Prädikativum

Einige Bestimmungen, die im Deutschen als Adverb aufgefasst werden, stehen im Lateinischen als prädikatives Adjektiv (**Prädikativum**), wenn sich die nähere Bestimmung sowohl auf das Verb als auch auf ein Nomen im Satz bezieht.

Vergleiche:

Mīlitēs celeriter in castra rediērunt.	Die Soldaten kehrten schnell ins Lager zurück.
Mīlitēs incolumēs in castra rediērunt.	Die Soldaten kehrten unversehrt ins Lager zurück.

Bei den Adjektiven, die als Prädikativa auftreten, handelt es sich vor allem um solche, die einen körperlichen oder seelischen Zustand oder eine Reihenfolge bezeichnen:

Caesar prīmus omnium Rōmānōrum Britanniam adiit.	Cäsar begab sich als erster von allen Römern nach Britannien.

Als substantivische Prädikativa werden besonders solche gebraucht, die ein Lebensalter oder ein Amt bezeichnen:

Cicerō cōnsul patriam servāvit.	Cicero rettete als Konsul das Vaterland.

Tempusgebrauch

54 Das narrative Präsens

Vergangene Ereignisse werden wie im Deutschen bei lebhafter Schilderung gelegentlich im Präsens berichtet, als ob der Sprecher/Erzähler die Situation unmittelbar erlebt. Die Wiedergabe kann durch das Präsens oder das Präteritum erfolgen.

(Der Cherusker Arminius ruft zum Widerstand gegen den römischen Legaten Varus auf:)

Arminius prīmō paucōs familiārēs, deinde plūrēs convocāvit: Servitūtem nōn diūtius tolerandam esse docet, Rōmānōs facilius opprimī posse dīcit, tempus īnsidiārum cōnstituit.	Arminius rief zuerst wenige, dann mehr Vertraute zusammen: Er belehrt sie, dass die Unterdrückung der Römer nicht länger zu ertragen sei, er sagt, dass die Römer ziemlich leicht zu überfallen seien, er legt den Zeitpunkt für einen Überfall fest.

55 Das Imperfekt

bezeichnet

1. die Schilderung von Umständen (Ort, Zeit, Personen), die als andauernder Hintergrund oder als Begleithandlung für die einsetzende Haupthandlung dienen (**duratives Imperfekt**):

Cum Vārus in Germāniam vēnit, Arminius dux Cheruscōrum erat.	Als Varus nach Germanien kam, war Arminius der Anführer der Cherusker.
Arminius amīcōs convocāvit, ut īnsidiās legātō Rōmānō parāret. Intereā Germānī ad Vārum conveniēbant atque petēbant, ut discordiās suās finīret.	Arminius rief seine Freunde zusammen, um einen Überfall auf den römischen Legaten vorzubereiten. Währenddessen kamen die Germanen bei Varus zusammen und baten ihn, dass er ihre Streitigkeiten beende.

2. Handlungen in der Vergangenheit, die sich oft wiederholen (**iteratives Imperfekt**):

Germānī saepe lītēs simulābant et Vārō grātiās agēbant, quod discordiās suās finīret.	Die Germanen erfanden oft Streitigkeiten und dankten Varus, dass er ihre Meinungsverschiedenheiten beendet habe.

3. Handlungen in der Vergangenheit, die ein Versuch bleiben (**Imperfekt de conatu**):

Mīlitēs Rōmānī impetūs Germānōrum trēs diēs effugiēbant; postrēmō autem miserrimē periērunt.	Die römischen Soldaten versuchten drei Tage lang, den Angriffen der Germanen zu entkommen. Schließlich aber kamen sie jämmerlich um.

56   Das Perfekt

bezeichnet

1. einmalige abgeschlossene Handlungen in der Vergangenheit (**historisches Perfekt**). Das Tempus im Deutschen ist das Präteritum.

Lītēs simulantēs Germānī effecērunt, ut Vārus crēderet sē in forō Rōmānō iūs dīcere.	Indem sie Streitigkeiten erfanden, erreichten die Germanen, dass Varus glaubte, er spreche Recht auf dem Forum in Rom (und nicht im Feindesland).

2. abgeschlossene Handlungen in der Vergangenheit, deren Ergebnisse in die Gegenwart hineinreichen (**konstatierendes/resultatives Perfekt**). Das Tempus im Deutschen ist das Perfekt oder ein (resultatives) Präsens.

Arminius convocātīs amīcīs dīxit: „Cognōvī Vārum facillimē ā nōbīs superārī posse."	Nachdem Arminius seine Freunde zusammengerufen hatte, sagte er: „Ich habe erkannt (= Ich weiß), dass Varus sehr leicht von uns besiegt werden kann."

57   Das Futur II

Das Futur II wird im Lateinischen verwendet, um das Zeitverhältnis zwischen einem futurischen Haupt- und Gliedsatz auszudrücken. Die deutsche Wiedergabe erfolgt in der Regel durch das Perfekt oder das Präsens.

Arminius dīxit: „Cum legiōnēs Vārī superāverimus, facile reliquam Germāniam ā servitūte Rōmānōrum līberābimus."	Arminius sagte: „Wenn wir die Legionen des Varus besiegt haben (besiegen), werden wir leicht das übrige Germanien von der Unterdrückung durch die Römer befreien."

Modi

58   Indikativ im Hauptsatz

Im Indikativ stehen

1. unabhängige Aussagesätze, deren Verbinhalt als wirklich dargestellt werden soll (Realis).

2. unabhängige Fragesätze mit Ausnahme der Überlegungsfrage (Quid faciam? – Was soll ich tun?).

Indikativ im Gliedsatz

1. Temporalsätze

1.1 cum

	Übersetzung	Beispiel
cum iterativum	jedesmal wenn; sooft	Cum tē videō, gaudeō. (Jedesmal) wenn ich dich sehe, freue ich mich.
cum temporale/ relativum	(damals) als; (dann) wenn	Tum, cum Vārus in Germāniam vēnit, Arminius dux Cheruscōrum erat. Damals, als Varus nach Germanien kam, war Arminius Anführer der Cherusker.
cum inversivum	als (plötzlich); da	Vārus vix cum legiōnibus proficīscebātur, cum subitō Germāni Rōmānōs oppressērunt. Kaum hatte sich Varus mit seinen Legionen in Marsch gesetzt, als plötzlich die Germanen die Römer überfielen.
cum coincidens	dadurch, dass; indem	Cum tacent, clāmant. Indem sie schweigen, geben sie ihre Meinung laut wieder.
cum primum (mit Perfekt)	sobald	Cum prīmum Germānī impetum fecērunt, Rōmānī fugā salūtem petīvērunt. Sobald die Germanen den Angriff begonnen hatten (!), suchten die Römer ihr Heil in der Flucht.

1.2

	Übersetzung	Beispiel
postquam (mit Perfekt)	nachdem	Rōmulus, postquam Rēmus mūrōs urbis novae illūsit, frātrem irātus necāvit. Nachdem Remus die Mauern der neuen Stadt verspottet hatte (!), tötete Romulus voll Zorn seinen Bruder.

1.3

	Übersetzung	Beispiel
priusquam	bevor	Nerō, priusquam in theātrō cantāvit, ad iūdicēs adiit. Bevor Nero im Theater sang, ging er zu den Preisrichtern.

1.4

	Übersetzung	Beispiel
dum (mit Präsens)	während	Noctē, dum Rōmānī dormiunt, Gallī Capitō- lio appropinquavērunt. Nachts, während die Römer schliefen (!), näherten sich die Gallier dem Kapitol.

2. Kausalsätze

	Übersetzung	Beispiel
quod, quia	da; weil	Quod (quia) Rēmus mūrōs urbis novae illūsit, Rōmulus frātrem irātus necāvit. Weil Remus die Mauern der neuen Stadt verspottete, tötete Romulus voll Zorn seinen Bruder.

3. Konzessivsätze

	Übersetzung	Beispiel
quamquam **etsī** **tametsī**	obwohl; obgleich	Quamquam (etsī, tametsī) Procās Numitōrī rēgnum dēderat, Amūlius frātrem ex urbe expulit. Obwohl Procas dem Numitor die Königsherr- schaft übergeben hatte, vertrieb Amulius seinen Bruder aus der Stadt.

4. Kondizionalsätze

	Übersetzung	Beispiel
sī **nisī/sī nōn**	wenn wenn nicht	Sī caelum serēnum erit, Ōstiam petēmus. Wenn das Wetter gut ist, werden wir nach Ostia gehen (Realis). Nisī propositum meum placet, Rōmae manēmus. Wenn dir mein Vorschlag nicht gefällt, bleiben wir in Rom.

5. Explikativsätze

	Übersetzung	Beispiel
(faktisches) quod	die Tatsache, dass; dadurch, dass	Bellum Saxōnicum hōc ā cēterīs bellīs differēbat, quod summō odiō gerebātur. Der Krieg gegen die Sachsen unterschied sich dadurch von den anderen Kriegen, dass er mit höchstem Hass geführt wurde. Bene (opportūnē) ēvēnit (accidit), quod Saxōnes cum Francīs unus populus factī sunt. Es (= die Tatsache) traf sich gut (günstig), dass die Sachsen mit den Franken ein Volk geworden sind.

Temporal-, Kausal-, Konzessiv- und Kondizionalsätze haben die **syntaktische Funktion** eines **Adverbiale**; Explikativsätze haben die syntaktische Funktion eines **Subjekts** oder **Objekts**.

6. Relativsätze

Das Relativpronomen richtet sich in Numerus und Genus nach seinem Beziehungswort im übergeordneten Satz; der Kasus wird vom Verb des Relativsatzes bestimmt.

Die **syntaktische Funktion** des Relativsatzes

Attribut	Marius, quī legātus Metellī cōnsulis erat, ipse cōnsulātum petīvit.	Marius, der ein Unterfeldherr des Konsuls Metellus war, bewarb sich selbst um das Konsulat.
Subjekt	Quī aderant, Marium salutavērunt.	Die anwesend waren (= die Anwesenden) begrüßten Marius.
Objekt	Germānī, quod precibus nōn impetrāverant, armīs petivērunt.	Was die Germanen nicht hatten durch Bitten erreichen können, versuchten sie jetzt mit Waffengewalt zu bekommen.

7. Besonderheiten der Relativsätze

7.1 Relativer Satzanschluss

Er stellt eine enge Verbindung zwischen zwei selbstständigen Sätzen her. Dabei wird der zweite Satz durch ein Relativpronomen eingeleitet, das dann mit einem Demonstrativpronomen zu übersetzen ist:

Augustus urbem excolere coepit.	Augustus begann die Stadt Rom auszubauen. Diese schmückte er mit vielen öffentlichen Gebäuden.
Quam multīs operibus pūblicīs ornāvit.	

7.2 VerschränkteRelativsätze

Für die Übersetzung empfiehlt es sich, den Relativsatz zunächst als selbstständigen Satz wiederzugeben und ihn dann mit dem Hauptsatz zu verbinden.

Verschränkung mit einem aci:

Librī Cicerōnis, quem clarissimum scriptōrem fuisse cōnstat, iam antiquīs temporibus saepe legebantur.

Die Bücher Ciceros wurden schon im Altertum oft gelesen. Es ist bekannt, dass er ein sehr berühmter Redner war.
Die Bücher Ciceros, von dem bekannt ist, dass er ein sehr berühmter Redner war, wurden schon im Altertum oft gelesen.
Die Bücher Ciceros, der – wie bekannt – ein sehr berühmter Redner war, wurden schon im Altertum oft gelesen.
Die Bücher Ciceros, der bekanntlich ein sehr berühmter Redner war, wurden schon im Altertum oft gelesen.

Verschränkung mit einem ablativus comparationis:

Hieronymus vīdit lūmen, quō nihil clārius cogitārī potest.

Hieronymus sah ein Licht. Man kann sich nichts Helleres vorstellen als dieses.
Hieronymus sah das hellste Licht, das man sich vorstellen kann.

60 Konjunktiv im Hauptsatz

1. Wunsch

Inhalt	Tempus	Zeitstufe	Beispiel
erfüllbarer Wunsch (Optativ)	Konj. Präsens	Gegenwart	(Utinam) deī cuncta bene vertant! Hoffentlich wenden die Götter alles zum Guten!
	Konj. Perfekt	Vergangenheit	(Utinam) deī precēs nostrās audīverint! Hoffentlich haben die Götter unsere Bitten erhört!
unerfüllbarer Wunsch (Irrealis)	Konj. Imperfekt	Gegenwart	(Utinam) hoc factum irritum facere possem! Wenn ich doch diese Tat ungeschehen machen könnte!
	Konj. Plusquamperfekt	Vergangenheit	(Utinam) nē tam timidus fuissem! Wäre ich doch nicht so furchtsam gewesen!

2. Aufforderung

Inhalt	Tempus	Beispiel
adhortativus (an die 1. Pers. Plur.)	Konj. Präsens	Fugiāmus! Lasst uns fliehen!
iussivus (an die 3. Pers. Sing. und Plur.)	Konj. Präsens	Audiātur et altera pars! Man soll auch die andere Seite hören!

3. Verbot

Inhalt	Tempus	Beispiel
prohibitivus (an die 2. Pers. Sing. und Plur.)	Konj. Perfekt	Nē mē relīqueris! Verlass mich nicht! Nē mē relīqueritis! Verlasst mich nicht!

Der prohibitivus kann auch durch nōlī/nōlite + Infinitiv ausgedrückt werden: nōlī mē relinquere!

4. Möglichkeit

Inhalt	Tempus	Beispiel
Potentialis	Konj. Präsens oder Perfekt	(Non) dicam. (Non) dixerim. Ich kann/könnte wohl (nicht) sagen.

61 consecutio temporum

Die consecutio temporum regelt die Zeitenfolge in konjunktivischen Gliedsätzen:

Hauptsatz	Gliedsatz		
	gleichzeitig	vorzeitig	nachzeitig
Gegenwart/Zukunft	Konj. Präsens	Konj. Perfekt	-urus sim
Vergangenheit	Konj. Imperfekt	Konj. Plusquamperfekt	-urus essem

Konjunktiv in Gliedsätzen

1. Abhängige Fragesätze

syntaktische Funktion	Beispiele
Objekt	Tē interrogō, unde veniās. Ich frage dich, woher du kommst. Legimus, quālis vīta servōrum fuerit. Wir lesen, wie das Leben der Sklaven war. Pater fīlium interrogat, quō itūrus sit. Der Vater fragt den Sohn, wohin er gehe. Plinius scrīpsit, quōmodo servīs cōnsuluisset. Plinius schrieb, wie er sich um die Sklaven gekümmert hatte. Cerēs nesciēbat, num fīliam repertūra esset. Ceres wusste nicht, ob sie ihre Tochter finden werde.

2. Abhängige Begehrsätze

syntaktische Funktion	Beispiele
Objekt	Caesar ā comitibus postulāvit, ut pecuniās comparārent. Cäsar forderte seine Gefährten auf, Geld zu besorgen. Pirātae procōnsulem orāvērunt, nē supplicium dē sē sūmeret. Die Piraten baten den Prokonsul, sie nicht mit dem Tode zu bestrafen. Zur Gruppe der Begehrsätze gehören auch solche Gliedsätze, die von den Verben des **Fürchtens** und **Hinderns** abhängig sind, wie timēre, metuere, perīculum est und impedīre, prohibēre, recūsare. Nach diesen Verben heißt **ne (dass)**, **ut (dass nicht)**: Captīvī timuērunt, nē poenās darent. Die Gefangenen fürchteten, dass sie bestraft würden.

3. Finalsätze

syntaktische Funktion	Beispiele
Adverbiale	Caesar Rhodum nāvigāvit, ut Molōnī ōratōrī operam daret. Cäsar segelte nach Rhodos, um bei dem Rhetoriklehrer Molon zu studieren. Caesar classem contrāxit, nē pirātae effugerent. Cäsar brachte eine Flotte zusammen, damit die Seeräuber nicht entkamen.

4. Konsekutivsätze

syntaktische Funktion	Beispiele
Adverbiale	Pompēius pirātās tantā celeritāte petīvit, ut effugere nōn possent. Pompeius griff die Seeräuber so schnell an, dass sie sich nicht verstecken konnten. Brevī tempore Pompēiō contīgit, ut mare tūtum ā pirātis redderet. In kurzer Zeit gelang es Pompeius, das Meer sicher vor Piraten zu machen.

5. Relativsätze (mit adverbialem Nebensinn)

Relativsätze stehen dann im Konjunktiv, wenn sie einen finalen, konsekutiven, konzessiven oder kausalen Nebensinn beinhalten.

syntaktische Funktion	semantische Funktion	Beispiele
Adverbiale	final	Discipulī, quī linguam Latīnam discerent, librōs Cicerōnis legēbant. Die Schüler, die die lateinische Sprache lernen sollten, lasen die Bücher Ciceros. Die Schüler lasen die Bücher Ciceros, um die lateinische Sprache zu lernen.
	konsekutiv	Nullus scriptōr tam eleganter linguā Latīnā ūsus est, quī Cicerōnī arte dīcendī praestāret. Kein Schriftsteller bediente sich so gewählt der lateinischen Sprache, dass er Cicero an rhetorischer Fähigkeit übertraf.
	kausal	Cicerōne, quī arte dīcendī ceterīs scriptōribus praestāret, carēre nōn poteram. Da Cicero alle anderen Schriftsteller an Sprachkunst übertraf, konnte ich nicht auf ihn verzichten.
	konzessiv	Etiam Christiānī sē ad studium librōrum Cicerōnis, quī pagānus esset, cōntulērunt. Auch Christen widmeten sich dem Studium der Werke Ciceros, obwohl er ein Heide war.

6. cum-Sätze

syntaktische Funktion	semantische Funktion	Beispiele
Adverbiale	temporal	Graecī, cum Trōiam cēpissent, urbem dēlēvērunt. Nachdem/Als die Griechen Troja erobert hatten, zerstörten sie die Stadt.
	kausal	Graecī, cum diū frūstrā pugnavissent, in patriam redīre voluērunt. Weil die Griechen lange vergeblich gekämpft hatten, wollten sie in ihre Heimat zurückkehren.
	konzessiv	Graecī, cum fortiter pugnārent, tamen urbem Trōiam multōs annōs expugnāre nōn potuērunt. Obwohl die Griechen tapfer kämpften, konnten sie dennoch Troja viele Jahre lang nicht erobern.
	adversativ	Cum Ulixēs ceterīs Graecīs calliditāte praestāret, Achillēs eōs virtūte superābat. Während Odysseus den übrigen Griechen an Schlauheit überlegen war, übertraf Achill sie an Tapferkeit.

7. si-Sätze (Irrealis)

syntaktische Funktion	Zeitstufe	Tempus	Beispiele
Adverbiale	Gegenwart	Konj. Imperfekt	Nisī virī fortēs in altum nāvigārent, nōbīs multa ad vītam necessaria dēessent. Wenn mutige Männer nicht aufs Meer hinausführen, fehlte uns vieles, was zum Leben wichtig ist.
	Vergangenheit	Konj. Plusquamperfekt	Sī perīcula maris Rōmānōs dēterruissent, nōn dominī terrārum essent. Wenn die Gefahren des Meeres die Römer abgeschreckt hätten, wären sie nicht die Herren der Welt.

Textgrammatik

63 Während die Satzgrammatik beschreibt, wie Wörter miteinander einer Satz bilden, stellt die Textgrammatik dar, wie eine Folge von Sätzen zu einem zusammenhängenden Text verknüpft ist. Die Kenntnis solcher satzverknüpfender Elemente hilft, den Aufbau und den gedanklichen Zusammenhang eines Textes (Textkohärenz) zu erfassen, und ermöglicht ein erstes Vorverständnis des Textes.

Einige wichtige textgrammatische Erscheinungen werden am folgenden Text aufgezeigt.

Post proelium Cannense Hannibal, Carthaginiensium imperator, ex captivis nostris electos decem Romam misit mandavitque eis pactusque est, ut, si populo
5 Romano videretur, permutatio fieret captivorum et pro his, quos alteri plures acciperent, darent argenti pondo libram et semilibram. Hoc, priusquam proficiscerentur, iusiurandum eos adegit reditu-
10 ros esse in castra Punica, si Romani captivos non permutarent.

Veniunt Romam decem captivi. Mandatum Poeni imperatoris in senatu exponunt. Permutatio senatui non placita.
15 Parentes, cognati adfinesque captivorum amplexi eos postliminio in patriam redire dicebant statumque eorum integrum incolumemque esse ac, ne ad hostes redire vellent, orabant. Tum octo ex his post-
20 liminium iustum non esse sibi responderunt, quoniam deiurio vincti forent, statimque, uti iurati erant, ad Hannibalem profecti sunt. Duo reliqui Romae manserunt solutosque esse se ac liberatos
25 religione dicebant, quoniam, cum egressi castra hostium fuissent, commenticio consilio regressi eodem, tamquam si ob aliquam fortuitam causam, issent atque ita iureiurando satisfacto rursum iniurati
30 abissent.

Nach der Schlacht bei Cannae wählte Hannibal, der Feldherr der Karthager, zehn unserer Gefangenen aus und schickte sie mit dem Auftrag und der Abmachung nach Rom, sofern das römische Volk ein- 5 verstanden sei, sollte ein Austausch von Gefangenen vorgenommen werden, und für die, die die eine Seite mehr erhalte, sollte sie anderthalb Pfund Silber zahlen. Bevor sie aufbrachen, zwang er sie dazu zu 10 schwören, dass sie in das Lager der Punier zurückkehrten, sollten die Römer die Gefangenen nicht austauschen.

Die zehn Gefangenen kommen nach Rom. Sie unterbreiten dem Senat den Auftrag 15 des punischen Feldherrn. Der Senat war mit dem Austausch nicht einverstanden. Eltern, Verwandte und Nachbarn der Gefangenen umarmten diese und versuchten ihnen klarzumachen, dass sie nach dem 20 Heimkehrrecht ins Vaterland zurückgekehrt seien und dass ihre frühere Stellung als Bürger unverletzt und unangetastet sei, und sie baten sie eindringlich, die Absicht, zu den Feinden zurückzukehren, aufzuge- 25 ben. Da antworteten acht von ihnen, das Heimkehrrecht stünde ihnen nicht zu, da sie ja durch einen Eid gebunden seien und sie kehrten sofort, wie sie geschworen hatten, zu Hannibal zurück. Die beiden ande- 30 ren blieben in Rom und erklärten, sie seien völlig frei von einer Bindung; sie seien nämlich nach dem Verlassen des feindlichen Lagers unter einem betrügerischen

Haec eorum fraudulenta calliditas tam esse turpis existimata est, ut contempti vulgo discerptique sint censoresque eos postea omnium notarum et damnis et
35 ignominiis adfecerint, quoniam, quod facturos deieraverant, non fecissent.

(Aulus Gellius, Noctes Atticae VI 18)

Vorwand um- und wie zufällig ebendort-35 hin zurückgekehrt. Nachdem sie so ihrem Eid entsprochen hätten, seien sie wieder – ohne Schwur – davongegangen.
Diese Verschlagenheit der beiden wurde als so ehrenrührig angesehen, dass sie all-40 gemein verachtet und beschimpft wurden und die Zensoren sie später mit der schändlichen Strafe einer öffentlichen Rüge belegten, weil sie nicht das getan hätten, was zu tun sie geschworen hat-45 ten.

1. Tempus
Das sog. Tempus-Relief (= Abfolge der Tempora in einem Text) der Hauptsätze gliedert den Text in einen Handlungsvordergrund und -hintergrund:
Die <u>Etappen</u> der Handlung werden im Perfekt bzw. im narrativen Präsens erzählt:
    misit (3) - mandavitque (3f.) - pactusque est (4) - adegit (9)
    veniunt (12) - exponunt (13f.)
    responderunt (20f.) - profecti sunt (23) - manserunt (24)
    existimata est (32).
Vorgänge, die die Haupthandlung <u>begleiten</u>, erscheinen im Imperfekt:
    parentes (15) … dicebant (17)
    ac … orabant (18/19)
    solutosque … dicebant (24/25).

2. Personenkennzeichen (Personalendungen)
Alle Prädikate erscheinen in der 3. Person. Es handelt sich also um einen Bericht. Der Wechsel von der 3. P. Sg. (Hannibal) zur 3. P. Pl. (captivi) schafft eine deutliche Zäsur im Handlungsablauf. Die Personalendungen lassen schnell erkennen, welcher Handlungsträger im Mittelpunkt steht.

3. Diathese des Verbs (genus verbi)
Mit Ausnahme von existimata est (32) stehen die Prädikate in den Hauptsätzen im Aktiv; das bedeutet, dass die Personen das Geschehen bestimmen. existimata est steht ohne Angabe eines Urhebers; damit wird die Allgemeinheit der Verachtung betont.

4. Konnektoren
Im Text sind Hauptsätze nur zweimal durch gleichordnende Konnektoren aufeinander bezogen: tum (19), statimque (22). Das Fehlen von Konnektoren an anderen Stellen bewirkt eine Temposteigerung im Fortgang der Erzählung.

5. Modus
Der Modus in den Hauptsätzen ist ausschließlich der Indikativ. Dieser Modus entspricht der Textsorte „Bericht".

6. Wortwiederholungen und Umschreibungen

Die häufigsten Wiederholungen/Umschreibungen beziehen sich auf die Begriffe „Gefangene" und „Eid".

„Gefangene": ex captivis nostris (2/3) – captivorum (5/6) – captivos (10/11) – captivi (12) – captivorum (15)

„Eid": iusiurandum (9) – deiurio (21) – iurati (22) – religione (25) – iureiurando (29) – iniurati (29) – deieraverant (36)

Mit diesen beiden Begriffen ist das <u>Thema</u> der Erzählung umrissen: Die Verbindlichkeit eines unter Zwang und Furcht auferlegten Eides.

Neben diesen beiden zentralen Begriffen sind die folgenden Wortwiederholungen/Umschreibungen für den Textzusammenhang von Bedeutung:

Hannibal: Carthaginiensium imperator (2) – castra Punica (10) – Poeni imperatoris (13) – hostes (18) – Hannibalem (22/23) – castra hostium (26)

Rom/Römer: Romam (3) – populo Romano (4/5) – Romani (10) – Romam (12) – senatu (13) – senatui (14) – Romae (23)

Austausch: permutatio (5) – permutarent (11) – permutatio (14) –

Rückkehr: redituros (9/10) – redisse (16/17) – redire (18/19) – regressi (27)

7. Pro-Formen

Pro-Formen sind solche Wörter, die auf bereits verwendete oder noch zu erwähnende Personen/Sachverhalte verweisen. Die häufigsten sind die Pronomina.

Vorverweise: pro <u>his, quos</u> alteri plures acciperent (6/7)
<u>hoc ... iusiurandum</u> (8/9) eos adegit redituros <u>esse in castra Punica</u> (9/10)

Rückverweise auf captivis (2): eis (4) – eos (9) – eos (16) – eorum (17) – ex his (19)

duo reliqui (23): se (24) – eorum (31) – eos (33)

8. Wortfelder

a) Wortfamilien (= Wörter mit derselben Wurzel)

Roma	senatus	permutare	iurati	ire	egredi	mandare
Romanus	senatores	permutatio	iniurati	abire	regredi	mandatum
			iusiurandum	redire		
			deiurium			

b) Wortfeld (im engeren Sinne = Wörter mit Bedeutungsähnlichkeit)

(ab-, red-) ire	iusiurandum
(e-, re-) gredi	deiurium
proficisci	deiurare

c) Sachfelder (= Wörter, die Sachen und Tätigkeiten desselben Sachgebietes bezeichnen)

„Krieg": proelium (1) – imperator (2) – captivi (2 u. ö.) – castra (26) postliminium (16 u. 19/20) – hostes (18/26)

„eidliche Verpflichtung": iusiurandum (9/29) – deiurium (21) – religio (25)

„moralisches Verhalten": iustum non esse sibi (20) – commenticium consilium (26/27) – fraudulenta calliditas (31)

Vor allem Sachfelder spielen bei der Texterschließung eine wichtige Rolle. Das Erkennen von Sachfeldern kann einen ersten Zugang zum Text vermitteln und ein – wenn auch noch so allgemeines – Vorverständnis schaffen.

64 Stilfiguren

Alliteration (die Wiederkehr des gleichen Anlauts in aufeinander folgenden Wörtern): veni, vidi, vici

Anapher (die Wiederholung des gleichen Wortes am Anfang zweier oder mehrerer aufeinander folgender Sätze oder Satzteile): nihil agis, nihil moliris, nihil cogitas

Asýndeton (die unverbundene Aneinanderreihung gleicher Satzglieder oder Sätze): veni, vidi, vici

Chiasmus (die spiegelbildliche Anordnung von syntaktisch gleichgestellten Wörtern oder Wortgruppen – untereinander gestellt ergeben sie die Figur eines X = griechisch Chi): pacis ornamenta et subsidia belli; laudare modestiam, disiectos coercere

Ellipse (die Auslassung eines Wortes, häufig der Kopula esse): satis eloquentiae, sapientiae parum

Enallagé (die „Vertauschung" der Wortbeziehung; eine logisch unerwartete Beziehung eines Adjektivs): vulpes avidis rapuit dentibus (= der gierige Fuchs raubte mit seinen Zähnen)

Hendiadyoín (die Zerlegung eines Begriffs durch einen doppelgliedrigen Ausdruck): fidem et ius iurandum dant – sie schließen ein durch Eid bekräftigtes Treuebündnis

Homoiotéleuton (der Gleichklang von Endsilben entsprechender Wörter): … adiit, … exploravit, … venit, … munivit

Hyperbaton („Sperrung", eine Trennung von zwei syntaktisch zusammengehörenden Wörtern): Hi quoque vos moveant, qui nostro bracchia tendunt parva sinu

Klimax (eine Steigerung bedeutungsgleicher Ausdrücke): Qua re, cum me vestra auctoritas arcessierit, populus Romanus vocarit, res publica implorarit, Italia cuncta paene suis umeris reportarit, non committam, …

Litótes (die Verstärkung eines Ausdrucks durch eine Verneinung des Gegenteils): vos non ignoratis (= ihr wisst genau)

Metapher (die Verwendung eines bildlichen Begriffs für einen abstrakten): infesta rei publicae pestis (= Verderben für den Staat)

Parallelismus (die Anordnung syntaktisch entsprechender Satzteile in gleicher Reihenfolge): explevi animos invidorum, placavi odia improborum, saturavi etiam perfidiam et scelus proditorum

Pars pro toto (die Wahl eines engeren Begriffs oder eines Teils für das Ganze): tecta urbis (= domus urbis)

Polysýndeton (die Verbindung einer Reihe von gleichgeordneten Satzgliedern durch dasselbe Bindewort)

Rhetorische Frage (eine Feststellung, die in die Form einer Frage gekleidet ist, auf die aber keine Antwort erwartet wird): Quo usque tandem abutere, Catilina, patientia nostra? Quam diu etiam furor iste tuus nos eludet?

Trikolon (die Dreigliedrigkeit eines Ausdrucks): De te autem, Catilina, cum quiescunt, probant, cum patiuntur, decernunt, cum tacent, clamant.

Metrik (Verslehre)

65 Quantitäten

In der Verslehre gilt eine Silbe als lang,

a) wenn sie durch lange Vokale oder Diphthonge (Doppellaute) von Natur aus lang ist (Naturlänge): aētās.

b) wenn nach einem kurzen Vokal mehr als ein Konsonant folgt (Positionslänge: īntēndĕrĕ, īn nŏvă.

Folgt auf einen stummen Verschlusslaut (Muta: b, p, d, t, g, c) in demselben Wort ein fließender Konsonant (Liquida: l, m, n, r) – muta cum liquida – kann die Silbe kurz oder lang gelten: vērbă prĕcāntĭă.

Im Zweifelsfall geben das Lexikon oder die Grammatik Auskunft über die Quantität der Silben. Als allgemeine Regeln gelten:

a) Endsilben auf a und e sind meist kurz, Endsilben auf i, o, u sind meist lang.

b)   Alle Endsilben, die nicht auf -s auslauten, sind kurz: pōrtăm, pōrtās.

c) Ein Vokal vor einem anderen in demselben Wort ist kurz: mĕās.

66 Metrik

Das wesentliche Kennzeichen der Dichtung gegenüber der Prosa ist der Rhythmus, der durch eine Abfolge von langen (–) und kurzen (∪) Silben entsteht. Bei den Römern entstand dieser Rhythmus durch eine genaue Beachtung der Quantitäten (quantitierende Metrik); im Deutschen dagegen wird der Rhythmus durch einen Wechsel von betonten und unbetonten Silben erzielt (akzentuierende Metrik).

Die kleinste rhythmische Einheit ist der **Versfuß**. Die wichtigsten Versfüße der lateinischen Dichtung sind:

Daktylus   (–́ ∪ ∪)
Spondeus   (–́ –)
Jambus   (∪ –́)
Trochäus   (–́ ∪)
Anapäst   (∪ ∪ –́)

Ein einzelner Daktylus oder Spondeus, je zwei Jamben oder Trochäen oder Anapäste bilden ein **Metrum** (griech.: Maß).

Die Abfolge einer bestimmten Anzahl von Metren nennt man **Vers**.

Beim Lesen der Verse sind einige Regeln zu beachten: Stößt ein Vokal am Wortende auf einen Vokal am Wortanfang, entsteht ein **Hiat** (von hiare: auseinander klaffen). Dieser wird meistens durch eine **Elision** vermieden.

Dabei wird der auslautende (erste) Vokal „ausgestoßen": primaque ab origine mundi. Dies gilt auch, wenn das erste Wort auf Vokal + *m* endet (utque locum et visa) oder wenn das zweite Wort mit *h* beginnt (abluere [h]ic artus).

Ist das zweite Wort est (oder es), wird der vokalische Anlaut nicht gesprochen (**Aphärese**, griech.: Wegnahme): aurea prima sata est aetas.

Manchmal werden auch im Wortinnern in einer **Synizese** zwei Silben miteinander verschmolzen (de-inde).

67 Einzelne Versmaße

1. Der **daktylische Hexameter**, ein Vers mit sechs (griech.: hex) Metren, ist das Metrum von Epos und Lehrgedicht.
Der Hexameter hat folgendes Schema:

$$-\overline{\cup\cup} \mid -\overline{\cup\cup} \mid -\overline{\cup\cup} \mid -\overline{\cup\cup} \mid -\cup\cup \mid -x$$

Der Daktylus kann durch einen Spondeus ersetzt werden, was im 5. Metrum allerdings nur äußerst selten geschieht. Das 6. Metrum ist immer zweisilbig, wobei die zweite Silbe kurz oder lang sein kann (syllaba anceps).
2. Der **daktylische Pentameter** (griech. pente: fünf) besteht aus zwei Halbversen der Grundform $-\cup\cup \mid -\cup\cup \mid -$. Im ersten Halbvers dürfen die Daktylen durch Spondeen ersetzt werden, im zweiten nicht:

$$-\overline{\cup\cup} \mid -\overline{\cup\cup} \mid - \parallel -\cup\cup \mid -\cup\cup \mid -$$

Der Pentameter erscheint nur in Verbindung mit dem Hexameter. Die Einheit von Hexameter und Pentameter heißt **(elegisches) Distichon**; dies ist das Versmaß der Elegie.

68 Zäsuren und Enjambement

1. Der lateinische Vers ist häufig durch einen sinnvollen Einschnitt gegliedert (Zäsur). Die wichtigsten Zäsuren beim Hexameter sind die **Penthemimeres** (nach der dritten Hebung) sowie – oft in Kombination – die **Trithemimeres** (nach der zweiten Hebung) und **Hephthemimeres** (nach der vierten Hebung):

$$-\overline{\cup\cup} \mid - \parallel \overline{\cup\cup} \mid - \parallel \overline{\cup\cup} \mid - \parallel \overline{\cup\cup} \mid -\cup\cup \mid -x$$

2. Hat der Vers am Ende keine Pause, sondern „springt hinüber" zum nächsten Vers, liegt ein **Enjambement** vor.
3. Am Beispiel der ersten Aeneis-Verse kann Funktion und Wirkung der Zäsuren bzw. des „Hinüberspringens" deutlich werden:

Arma virumque cano, | Troiae | qui primus ab oris
Italiam fato profugus | Laviniaque venit
litora, | multum ille et terris iactatus et alto
vi superum, | saevae memorem Iunonis ob iram,
multa quoque et bello passus, | dum conderet urbem
inferretque deos Latio, | genus unde Latinum
Albanique patres | atque altae moenia Romae.

(Vergil, Aeneis 1, 1–7)

Register

Dieses Register enthält alle wichtigen grammatischen Begriffe der Formenlehre, Satz- und Textgrammatik. Die Zahlen verweisen auf die Paragraphen.

Ablativ	43		Begehrsätze, abh.	62.2
causae	47			
comparationis	47		consecutio temporum	61
instrumenti	47		cum-Sätze	
loci	47		mit Indikativ	59.1
mensurae	47		mit Konjunktiv	62.6
modi	47			
qualitatis	47		Dativ	43
separationis	47		auctoris	45
sociativus	47		commodi	45
temporis	47		finalis	45
Ablativ mit Partizip	43; 51		Objekt	45
(ablativus absolutus)				
aci	42; 43; 48		Deklination der Substantive	3–8
adhortativus	60.2		Deponentien	29
Adjektiv			Konjugation	30–32
als Subjekt	42		Diathese	63.3
als Attribut	43			
Deklination	9–11		esse	s. Verben
Steigerung	12–14		Explikativsätze	59.5
Adverb			(faktisches quod)	
Bildung	39		fieri	s. Verben
beim Gerundium	52.1		Finalsätze	62.3
Satzglied	43		Fragesätze, abh.	62.1
Steigerung	40		Füllungsarten	42–43
Unregelmäßige Bildung	41		Futur II	57
Adverbiale	43; 44; 45; 46; 47; 52.1; 59.1–4; 62.3–7		Genitiv	43
			obiectivus	44
Akkusativ	43		partitivus	44
Ausdehnung	46		possessivus	44
Ausruf	46		pretii	44
doppelter Akk.	46		qualitatis	44
Objekt	46		subiectivus	44
Richtung	46		genus verbi	s. Diathese
Apposition	43		Gerundium	52.1
Attribut	43; 44; 47; 50.3; 52.1–2; 59.5		Gerundivum	52.2
			Gliedsatz	42; 43
			mit Indikativ	59.1–7
Aufforderung	60.2		mit Konjunktiv	62.1–7

Imperfekt	55	attributiv	50.3
Indikativ		Deklination	28
im Hauptsatz	58	Sinnrichtung	50.4
im Gliedsatz	59.1–7	Übersetzungsmethode	50.5
Infinitiv		posse	s. Verben
Satzglied	42; 43	Potentialis	60.4
Zeitverhältnis im aci	48.3	Prädikat	42
Zeitverhältnis im nci	49.3	Prädikativum	43; 52.2; 53
ire	s. Verben	Prädikatsnomen	42; 44; 45;
Irrealis	60.1; 62.7		46; 47; 52.2
iussivus	60.2	Präsens, narratives	54
		Perfekt	56
Kasusfunktionen		Personenkennzeichen	63.2
Genitiv	44	Pro-Formen	63.7
Dativ	45	prohibitivus	60.3
Akkusativ	46	Pronomina	
Ablativ	47	Demonstrativpronomen	17
Kausalsätze		Indefinitpronomen	20
mit Indikativ	59.2	Interrogativpronomen	18; 19
mit Konjunktiv	62.5–6	Personalpronomen	15; 48.5
Kondizionalsätze		Possessivpronomen	16
im Realis	59.4	Reflexivpronomen	15; 48.5
im Irrealis	62.7	Relativpronomen	19
Kongruenz	42		
Konjugation		quod	
der Verben	24–28	faktisch	59.5
Konjunktiv		kausal s. Kausalsätze	
im Hauptsatz	60.1–4	relativ s. Relativpronomen	
im Gliedsatz	62.1–7		
Konnektoren	63.4	Relativpronomen	19
Konsekutivsätze	62.4–5	Relativsätze	
		mit Indikativ	59.6
Metrik	65–68	mit Konjunktiv	62.5
Möglichkeit (Potentialis)	60.4	mit Verschränkung	59.7
		Rel. Satzanschluss	59.7
nci	42; 49		
nd-Formen		Satzglieder	2; 42–43
Gerundium	52.1	Satzkern	42
Gerundivum	52.2	satzwertige Konstruktionen	48–53
		Semideponentien	33
Objekt	43; 45; 46; 48;	si-Sätze s. Kondizionalsätze	
	59.5–6;	Stilfiguren	64
	62.1–2	Subjekt	42; 59.5–6
Optativ	60.1	Subjektsakkusativ	48.1
Partizip	43; 50		
adverbial	43; 50.3	Temporalsätze	59.1; 62.6
(part. coniunctum)			

Tempus (Tempus-Relief)	63.1
Tempusgebrauch	54–57
Textgrammatik	63
timere, ne	62.2
Übersetzungsmethode	
beim aci	48.4
beim part. coniunctum	50.5
beim abl. absolutus	51.4
ut s. abh. Begehrsätze;	
Finalsätze; Konsekutiv-	
sätze	
velle	s. Verben
Verbaladjektiv	52.2
Verbalstämme	23
Verbalsubstantiv	52.1
Verben	
Konjugation mit beson-	
derem Präsensstamm	24–28

esse	34
fieri	37
ire	36
posse	35
velle, nolle, malle	38
Verbot (prohibitivus)	60.3
Verslehre s. Metrik	
Wunschsätze	60.1
Wortarten	1
Wortfelder	63.8
Wortwiederholungen	63.6
Zahlwörter	21–22
Zeitverhältnis	
im aci	48.3
im nci	49.3
beim part. coniunctum	50.2
beim abl. absolutus	51.2